D1874805

Heinrich Böll

Was soll aus dem Jungen bloß werden?

Heinrich Böll

Was soll aus dem Jungen bloß werden?

Oder: Irgendwas mit Büchern

Büchergilde Gutenberg

Für Samay, Sara und Boris

1

Am 30. Januar 1933 war ich fünfzehn Jahre und sechs Wochen alt, und fast genau vier Jahre später, am 6. Februar 1937, neunzehn Jahre und sieben Wochen alt, bekam ich das ›Zeugnis der Reife‹ ausgestellt. Das Zeugnis enthält zwei Fehler: mein Geburtsdatum ist falsch angegeben, und meinen Berufswunsch ›Buchhändler‹ hat der Direktor, ohne mich zu fragen, in ›Verlagsbuchhändler‹ abgewandelt, ich weiß nicht warum. Diese beiden Fehler, die ich preise, geben mir die Chance, auch alle anderen Daten, einschließlich der Noten, anzuzweifeln. Ich habe die beiden Fehler erst zwei Jahre später entdeckt, als ich das Zeugnis zum ersten Mal in die Hand nahm, um es zum Studienbeginn Sommer-Semester 1939 bei der Universität Köln einzureichen, und das fehlerhafte Geburtsdatum entdeckte; ich wäre nie auf die Idee gekommen, einen solchen Fehler in einem so gewichtigen amtlichen Dokument korrigieren zu lassen: dieser Fehler erlaubt mir einen gewissen Zweifel, ob ich's denn wirklich sei, der da für reif erklärt wird. Ob da ein anderer gemeint ist? Und wer? Dieses Spiel erlaubt mir auch die Vorstellung, das Dokument könnte möglicherweise gar nicht gültig sein.

Ein paar weitere Voraussetzungen muß ich notieren: Sollte es zu den Pflichtübungen deutscher Autoren gehören, ›unter der Schule *gelitten*‹ zu haben, so muß ich mich wieder einmal der Pflichtvergessenheit zeihen. Natürlich habe ich gelitten (Zwischenruf: Wer, ob alt oder jung, leidet nicht?), aber nicht in der Schule. Ich behaupte: so weit habe ich es nicht kommen lassen, ich habe – wie später manches in meinem Leben – ›die Sache in die Hand‹, habe sie zu Bewußtsein genommen. Wie, das wird noch zu erklären sein. Leidvoll war der Übergang von der Volksschule zum Gymnasium, kurze Zeit, aber da war ich zehn, und es betrifft nicht die zu beschreibende Zeitspanne. Ich habe mich manchmal gelangweilt in der Schule, geärgert, hauptsächlich über den Religionslehrer (der sich natürlich über mich – solche Bemerkungen sind – weitere Voraussetzung! – ›bilateral‹ zu verstehen) – aber *gelitten*? Nein. Weitere Voraussetzung: Meine unüberwindliche (und bis heute unüberwundene) Abneigung gegen die Nazis war kein Widerstand, sie *widerstanden* mir, waren mir widerwärtig auf allen Ebenen meiner Existenz: bewußt *und* instinktiv, ästhetisch *und* politisch, bis heute habe ich keine unterhaltende, erst recht keine ästhetische Dimension an den Nazis und ihrer Zeit entdekken können, und das macht mich grausen bei gewissen Film- und Theaterinszenierungen. In die HJ *konnte* ich einfach nicht gehen und ging nicht rein, und das war's.

Noch eine Voraussetzung (und es wird *noch* eine kommen!): berechtigte Zweifel an meinem Gedächtnis; das alles ist jetzt achtundvierzig bis vierundvierzig Jahre her und mir stehen keine Notizen, Aufzeichnungen zur Verfügung. Sie sind verbrannt und zerstoben in einer Mansarde des Hauses Karolingerring 17 in Köln; auch bin ich unsicher geworden, was die Synchronisierung persönlicher Erlebnisse mit geschichtlichen Ereignissen betrifft: so hätte ich zum Beispiel hoch gewettet, daß es im Herbst 1934 war, als Göring in seiner Eigenschaft als preußischer Ministerpräsident sieben junge Kölner Kommunisten mit dem Handbeil hinrichten ließ. Die Wette hätte ich verloren: es war schon im Herbst 1933, da dies geschah. Und mein Gedächtnis trügt mich nicht, wenn ich mich erinnere, daß eines Morgens ein Mitschüler, Mitglied der (noch schwarzuniformierten) SS, übermüdet und doch noch mit Jagdfieberglanz in den Augen erzählte, sie hätten in der Nacht in Godesberger Villen Jagd auf den ehemaligen Minister Treviranus gemacht. Gott sei Dank (wie nicht er, sondern ich dachte) – vergebens, und wenn ich dann vorsichtshalber nachschaue und feststelle, daß Treviranus schon 1933 emigriert ist, wir aber 1933 erst sechzehn Jahre alt wurden, das Mindestalter für die Mitgliedschaft in dieser SS aber achtzehn Jahre war, so kann diese Erinnerung frühestens im Jahr 1935 ihren Platz haben – es müßte also Treviranus 1935 oder 1936 noch einmal illegal ins Deutsche Reich zurückgekommen sein – oder die SS war einer Fehlinformation erlegen. Für die ›story‹ – diese merkwürdige Mischung aus Übermüdung und Jagdglanz in den Augen – garantiere ich, ihren Platz finde ich nicht. Letzte Voraussetzung bzw. Warnung: Der Titel WAS SOLL AUS DEM JUNGEN BLOSS WERDEN? sollte weder falsche Hoffnungen noch falsche Befürchtungen erwecken. Nicht jeder Knabe, dessen Verwandte und Freunde sich und ihm mit Recht diese ewig-bange Frage stellen, wird nach einigen Aufhaltungen und Um- und Abwegen Schriftsteller, und ich möchte betonen, die Frage war, als sie gestellt wurde, so ernst wie berechtigt, und ich weiß nicht, ob meine Mutter, lebte sie noch, nicht auch heute noch die Frage stellen würde: WAS SOLL AUS DEM JUNGEN BLOSS WERDEN? Vielleicht sollte man die Frage sogar bei älteren und erfolgreichen Politikern, Kirchenfürsten, Schriftstellern etc. hin und wieder noch stellen.

2

Mißtrauisch betrete ich nun den ›realistischen‹, den chronologisch verwirrten Pfad – mißtrauisch gegenüber autobiographischen Äußerungen bei mir und anderen. Für Stimmung und Situation kann ich garantieren, auch für die in Stimmungen und Situationen eingewickelten Fakten, nicht garantieren kann ich, konfrontiert mit kontrollierbaren historischen Fakten, für die Synchronisation: siehe die beiden Beispiele oben.
Ich weiß einfach nicht mehr, ob ich im Januar 1933 noch oder schon nicht mehr Mitglied einer Marianischen Jugendkongregation war; es wäre auch unzutreffend, wenn ich sagen würde, ich wäre unter der Naziherrschaft vier Jahre lang ›zur Schule gegangen‹. Vier Jahre zur Schule gegangen bin ich nämlich nicht, es gab, wenn auch nicht unzählige, so doch ungezählte Tage, an denen ich – abgesehen von Ferien, Feiertagen, Krankheiten, die ohnehin abzuziehen wären – keineswegs zur Schule ging. Ich liebte die (›Buschschule‹ kann ich nicht sagen, die Kölner Altstadt hat und hatte

wenig Gebüsch, nennen wir es also) Straßenschule. Die Straßen zwischen Waidmarkt und Dom, die Nebenstraßen des Neu- und Heumarktes, alles, was rechts und links in Richtung Dom von der Hohen Straße abging, ich trieb mich gern in der Stadt herum, nahm manchmal nicht einmal als Alibi den Ranzen mit, ließ ihn zu Hause zwischen Überschuhen und langen Kleidungsstücken in der Garderobe. Schon lange, bevor ich Anouilhs Stück ›Der Reisende ohne Gepäck‹ kannte, war ich gern ein solcher, und es ist bis heute mein (nie erfüllter) Traum, einer zu sein. Hände in der Tasche, Augen auf, Straßenhändler, Trödler, Märkte, Kirchen, auch Museen (ja ich liebte die Museen, ich war bildungshungrig, wenn auch nicht bildungsbeflissen), Huren (an denen in Köln kaum ein Weg vorbeiführte) – Hunde und Katzen, Nonnen und Priester, Mönche – und der Rhein, der Rhein, dieser große und graue Rhein, belebt und lebhaft, an dem ich stundenlang sitzen konnte; manchmal auch im Kino, im Schummer der Frühvorstellungen, in denen ein paar Bummler und Arbeitslose saßen. Meine Mutter wußte viel, ahnte einiges, aber nicht alles. Familiengerüchten zufolge – die, wie alle Familiengerüchte, mit Vorsicht zu genießen sind – bin ich von den letzten drei dieser vier Nazischuljahre nicht die halbe Zeit ›zur Schule gegangen‹. Ja, es war meine ›Schulzeit‹, aber ich war nicht die ganze Zeit in der Schule, und wenn ich also diese vier Jahre zu beschreiben versuche, dann kann das *nur* eine *Auch*-Geschichte werden, denn zur Schule gegangen bin ich *auch*.

3

Achtundvierzig Jahre – von 1981 auf 1933 – zurück und vier – von 1933 auf 1937 – vor: bei dieser Springprozession muß einiges auf der Strecke bleiben. Da lächelt der Dreiundsechzigjährige auf den Fünfzehnjährigen herab, der Fünfzehnjährige nicht zum Dreiundsechzigjährigen hoch, und in dieser einseitigen Rückwendung, die keine Entsprechung in einem Auf- oder gar Ausblick des Fünfzehnjährigen hat, liegt die erhebliche Fehlerquelle.

Der Fünfzehnjährige liegt am 30. Januar 1933, an einer schweren Grippe erkrankt, zu Bett, Opfer einer Epidemie, die meines Erachtens bei Analysen der Machtergreifung zu wenig berücksichtigt wird. Immerhin war das öffentliche Leben partiell gelähmt, waren viele Schulen und Behörden geschlossen, jedenfalls lokal und regional. Ein Mitschüler brachte mir die Nachricht ans Krankenbett. Radio hatten wir noch nicht, und das Detektorgebastel fing bei uns erst später an. Die Mini-Ausgabe des Volksempfängers schafften wir mehr widerwillig als notgedrungen erst kurz vor Kriegsausbruch an. Wir wohnten nach einem weiteren Umzug innerhalb von zwei Jahren in der Maternusstraße Nr. 32, hatten uns gegenüber die triste Rückfront der damaligen Maschinenbauschule, waren immerhin nicht sehr weit vom Rhein entfernt, und vom Erkerfenster aus konnten wir das gotisierte dreigiebelige Lagerhaus der ›Rhenus‹ sehen, das ich immer und immer wieder aquarellierte. Gleich um die Ecke den Römer-, nicht weit davon den Hindenburgpark, wo meine Mutter an schönen Tagen zwischen Arbeitslosen und Frührentnern sitzen konnte.

Ich lag im Bett und las – wahrscheinlich Jack London, den wir von einem Freund in der Büchergildenausgabe entliehen, es kann aber auch sein, daß ich – oh, ihr gesträubten Haare der Literaturkenner, wie gern würde ich euch glätten! – daß ich *gleichzeitig* Trakl las. Der riesige Kachelofen im sogenannten Erkerzimmer brannte ausnahmsweise, und ich entnahm ihm mit sehr langen Fidibussen Feuer für die (verbotene) Zigarette. Der Kommentar meiner Mutter zu Hitlers Ernennung: ›Das ist der Krieg‹, er mag auch gelautet haben: ›Hitler, das bedeutet Krieg‹.

Die Nachricht von Hitlers Ernennung kam nicht überraschend. Nach dem ›schnöden Verrat‹ Hindenburgs an Brüning (so nannte es mein Vater), nach Papen und Schleicher war Hindenburg alles zuzutrauen, und jene merkwürdige (bis heute nicht so recht geklärte) Geschichte, die man einmal ›Osthilfeskandal‹ nannte, über die sogar unsere höchst zurückhaltende ›Kölnische Volkszeitung‹ berichtete, hatte dem ›ehrwürdigen, greisen

Marschall‹ den letzten ohnehin minimalen Kredit genommen, keinen politischen, nur eben den Rest eines moralischen Kredits, den man seiner ›preußischen Korrektheit‹ zuzusprechen bereit gewesen war.
Meine Mutter haßte Hitler von Anfang an (sein Ende hat sie leider nicht mehr erlebt), sie benannte ihn ›Rövekopp‹, was ›Rübenkopf‹ bedeutet, eine Anspielung auf die aus Zuckerrüben grob herausgeschnittenen Martinsfakkeln, denen man möglichst einen ›Bart‹ stehen ließ. Hitler – der war undiskutabel, und sein langjähriger Statthalter in Köln, ein gewisser Dr. Robert Ley (man muß sich das vorstellen: eine Type wie Ley herrschte später über die gesamte Arbeitswelt!) – Ley hatte wenig dazu beigetragen, Hitler und seine Nazis diskutabel zu machen – die waren nichts weiter als das ›grölende Nichts‹, ohne die menschliche Dimension, die man ›Gesindel‹ noch hätte zubilligen können. Die Nazis waren ›nicht einmal Gesindel‹. Meiner Mutter mit ihrer Kriegsthese wurde heftig widersprochen: solange würde ›der‹ gar nicht bleiben, um einen Krieg anfangen zu können. (Er

blieb, wie die Welt inzwischen eindringlich erfuhr, lange genug.)
Ich weiß nicht, wie lange ich noch bettlägerig war. Die Grippeepidemie brachte den Schnapsläden einen bescheidenen Auftrieb, Rum-Verschnitt war gefragt, als Grog versprach er angeblich Heilung oder Vorbeugung. Wir kauften bescheidene Mengen davon in einem Geschäft Ecke Bonner und Darmstädter Straße: der Besitzer hieß, glaube ich, Volk, und sein flammend rothaariger Sohn war auf unserer Schule. Ich weiß nicht mehr, ob der Reichstagsbrand, dessen ›Promptheit‹ durchaus bemerkt wurde, noch in die Zeit der Krankheit, in die Schulzeit oder gar in die Ferien fiel (irgendwann muß da auch Karneval gewesen sein!). Vor den Märzwahlen jedenfalls war ich wieder auf dem Schulweg, und erst nach diesen Wahlen – man vergißt so leicht, daß sie knapp zu einer Koalition zwischen Nazis und Deutschnationalen reichten –, im April, Mai, tauchten die ersten Jungvolk- und HJ-Blusen auf, in den oberen Klassen die eine oder andere SA-Uniform. Es fand – wann weiß ich nicht mehr

genau – eine Bücherverbrennung statt, ein nicht nur peinliches, auch ein klägliches Unternehmen; die Naziflagge wurde gehißt, aber ich erinnere mich nicht, daß da einer eine Rede gehalten, Titel für Titel, Autor für Autor verfluchend, Bücher ins Feuer geworfen hätte; sie müssen – ein kleines Häufchen – vorher dorthin gelegt worden sein, und seit dieser Bücherverbrennung weiß ich: Bücher brennen schlecht. Es hatte wohl einer vergessen, Benzin darüber zu gießen. Ich kann mir auch nur schwer vorstellen, daß in der Bibliothek dieses Gymnasiums, das zwar Staatliches Kaiser-Wilhelm-Gymnasium hieß, aber extrem katholisch war – daß in der bescheidenen Schulbibliothek viel ›dekadente‹ Literatur enthalten gewesen sein könnte. Das Milieu, aus dem die Schüler kamen, war durchgehend kleinbürgerlich, mit wenigen ›Auswüchsen‹ nach unten oder oben – möglich, daß der eine oder andere Lehrer privat seinen Remarque oder Tucholsky geopfert hat, um den Scheiterhaufen zu füttern. Im Unterricht waren alle diese Autoren jedenfalls nicht vorhanden, und nach den handgreiflichen, nach den sicht- und hörbaren Barbareien zwischen dem 30. Januar und dem Reichstagsbrand, verstärkt zwischen Reichstagsbrand und Märzwahlen, war dieser Akt *symbolischer* Barbarei vielleicht nicht so eindrucksvoll.

Die nichtsymbolischen Säuberungen waren sichtbar und hörbar, waren spürbar: Sozialdemokraten verschwanden (Sollmann, Görlinger und andere), Zentrumspolitiker, Kommunisten ohnehin, und es war kein Geheimnis, daß in den Kasematten rings um den Kölner Militärring von der SA Konzentrationslager eingerichtet wurden: die Wörter ›Schutzhaft‹ und ›auf der Flucht erschossen‹ waren geläufig, es traf auch Freunde von uns, die später *stumm* und *steinern* wiederkamen; Bekannte meines Vaters; Lähmung breitete sich aus, Angst ringsum, und die Nazihorden, brutal und blutrünstig, sorgten dafür, daß der Terror nicht nur Gerücht blieb. Die Straßen links und rechts der Severinstraße, über die mein Schulweg führte (Alteburger-, Silvan-, Severinstraße, Perlengraben) – das war durchaus kein ›national zuverlässiges‹ Gelände. Es gab Tage, nach dem Reichstagsbrand, vor den Märzwahlen, in denen das Viertel ganz oder teilweise abgesperrt war; die am wenigsten zuverlässigen Straßen lagen rechts von der Severinstraße: welche Frau schrie da im Achtergäßchen, welcher Mann in der Landsberg, wer in der Rosenstraße? Vielleicht lernen wir nicht in der Schule, aber auf dem Schulweg für's Leben? *Da* wurde offenbar geprügelt, aus Hausfluren gezerrt. Nach Reichstagsbrand und Märzwahlen wurde es stiller, still noch lange nicht. Immerhin war die KPD nach den Wahlen im November 1932 in dem so katholischen Köln zweitstärkste Partei geworden (Zentrum 27,3 Prozent, KPD 24,5 Prozent, Nazis 20,5 Prozent, SPD 17,5 Prozent). Das waren fast Verhältnisse, wie sie heute in Italien herrschen (Köln war eben immer und ist trotz seines schwarzen Rufes und der ganzen Dunkelmännerei eine progressive Stadt). Im März hatten die Nazis dann 33,3 Prozent, das Zentrum immer noch 25,6 Prozent und KPD und SPD trotz Terror und Säuberungen noch 18,1 und 14,9 Prozent – das ›unzuverlässige Gelände‹ war noch keineswegs ›normalisiert‹, es gab für die SA noch

Arbeit genug. (Da wäre noch viel über Köln zu sagen, aber ich finde, Köln hat nach Domjubiläum, Papstbesuch und Museum-Ludwig-Publicity genug – außerdem fließt der Rhein ja weiter.)

Um diese Zeit wohl quittierte der Vater einer Schulfreundin meiner älteren Schwester, ein ruhiger und solider Polizeibeamter mit Zentrumshintergrund, vorzeitig seinen Dienst, weil er den Anblick der ›blutigen Handtücher‹ auf seinem Revier nicht mehr ertragen konnte. Auch das waren keine symbolischen Zeichen, die ›blutigen Handtücher‹ wiesen auf die Schreie hin, die ich im Achtergäßchen, in der Rosen- und in der Landsbergstraße gehört hatte.

Inzwischen wird dem Leser (und Redaktor) immer klarer, daß es sich hier, soweit die Schule behandelt werden soll, *nur* um eine *Auch*-Geschichte handelt; daß es zwar um meine Schulzeit geht, aber nicht nur um die Zeit, die ich in der Schule verbrachte. Schule war keineswegs eine Neben-, aber auch nicht die Hauptsache während dieser vier Jahre Schulzeit.

Eine Säuberung ganz anderer Art veränderte meinen Schulweg erheblich: die energische Bekämpfung der Zigarettenschmuggler, die an Straßenecken oder aus Hauseingängen ›holländische Ware‹ anflüsterten; die billigste legal erworbene Zigarette kostete immerhin 2,5 Pfennige: schwächliche Gebilde, halb so prall wie eine Juno oder Eckstein, die 3,3 Pfennige kostete; die holländische Ware war blond, fest, um ein Drittel ansehnlicher als eine Eckstein und wurde zu 1 bis 1,5 Pfennigen angeboten. Das war schon verlockend zu einer Zeit, da die Brüningsche Sparsamkeit, diese Pfennigpfuchserei, noch nachwirkte, und so gab mir mein Bruder Alois manchmal Geld mit, auf daß ich für ihn illegal holländische Ware erwerbe. Zwischen Rosenstraße und Perlengraben, Schwerpunkt etwa Landsbergstraße, mit ausgedünnter Postenkette bis zum Eulengarten, dem Hauptquartier der Schmuggler, das sehr nah an unserer Schule (Heinrichstraße) lag, mußte ich mich sorgfältig und aufmerksam verhalten, mußte sowohl vertrauenerweckend wie kauflustig wirken; das gelang mir offenbar, und diese frühe Übung bzw. Schulung (wie man sie eben nicht in der Schule, nur auf dem Schulweg erwerben kann), diese Bildung oder Ausbildung ist mir später auf vielen Schwarzmärkten Europas nützlich gewesen. (Über die Tatsache, daß es nicht zum Kölner Lebensgefühl gehört, ein inniges Verhältnis zur Legalität zu haben, habe ich mich anderswo ausgelassen.) Ich brachte also die holländische Ware wohlbehalten nach Hause und erhielt meine Provision in Gestalt wohlduftender Zigaretten; einmal allerdings wurde ich hereingelegt: Die saubere, holländisch banderolierte Packung enthielt anstelle von fünfundzwanzig Zigaretten etwa fünfundzwanzig Gramm (ausgerechnet) Kartoffelschalen – bis heute ist mir nicht klar, wieso ausgerechnet Kartoffelschalen und nicht etwa Sägemehl oder Sägespäne; sie waren sorgfältig abgewogen, gleichgewichtsgerecht verteilt, in Silberpapier verpackt. (Die Mißachtung von Siegeln, Plomben, Kuckucken, Banderolen, die ja auch Siegel sind, wurde mir, von meiner Mutter anerzogen, nach dem Krieg zum Verhängnis, als ich einen Stromzähler ›entplombte‹ und – leider nachweislich! – manipulierte. Kuckucke wurden ohnehin möglichst frisch entfernt.) Ich wurde von meinem Bruder aufgefordert, die Ware künftig zu kontrollieren, grübelte noch über das ›WIE‹ – das mußte ja alles rasch gehen –, da flog der ganze Schmuggelring auf. Es fand eine regelrechte Belagerung der Straßen ›Im Eulengarten‹ und ›Schnurgasse‹ statt, an mindestens *ein* gepanzertes Auto erinnere ich mich; Polizei und Zoll hoben – letztlich ohne Schießerei – die ganze Schmuggelkolonie aus. Gerüchte sprachen von Abermillionen beschlagnahmter Zigaretten und zahlreichen Verhaftungen.

4

Ja, Schule, ich weiß, ich komme noch drauf; noch war ich Obertertianer, und mein Schulweg wurde noch stiller, und ich mußte vorübergehend kopfhängerisch geworden sein: Mein Vater setzte mir eine Prämie aus, wenn ich ihm fünfundzwanzig Geschäfte zwischen Severinskirche und Perlengraben nennen könnte; ich hob den Kopf wieder und bekam

die Prämie: ich hob auch den Kopf, um am ehemaligen Gewerkschaftshaus auf der Severinstraße, nicht weit von der Ecke zum Perlengraben, im Kasten den ›Stürmer‹ zu lesen. Diese Lektüre förderte meine Sympathie für die Nazis nicht. (Heute, ach, heute herrscht dort Ödnis, dafür haben der Krieg und die Nordsüdfahrt gesorgt – und gerade dieser kleine Platz vor der Kirche St. Johann-Baptist wimmelte von Leben.)
Nicht immer mit vorheriger, aber immer mit nachträglicher Genehmigung meiner Mutter ging ich oft in die Straßenschule (meine Mutter unterhielt, wie anderswo berichtet, unter ihrer Kaffeemühle ohnehin eine Art Schulschwänzerzentrum für *Nicht*-Familienmitglieder). Wenn ich also in die Straßenschule ging, dann nicht, weil die Schule besonders nazistisch oder naziverseucht gewesen wäre; sie war's nicht, ich erinnere mich der meisten Lehrer ohne jeden Groll, nicht einmal gegen den Religionslehrer empfinde ich Groll, obwohl ich mich – bis zum Hinauswurf aus dem Unterricht – mit ihm stritt, und die strittigen Punkte waren nicht die Nazis, in diesem

Punkt war er nicht anfällig (im Gegenteil: ich erinnere mich eines ausgezeichneten Vortrags von ihm über den sowohl sentimentalen wie kommerziellen Hintergrund des Muttertags) – was mich gegen ihn aufbrachte, war die Bürgerlichkeit (sprich: das dominierende bourgeoise Element) der von ihm verbreiteten Lehre: unartikuliert rebellierte ich dagegen, er wußte nicht, was und wie ich es meinte, war eher verwirrt als zornig. Die Ursache meiner Rebellion hing mit der total undefinierbaren gesellschaftlichen Stellung zusammen, in der wir uns befanden: wirtschaftliche Schwierigkeiten der krassesten Art, hatten sie uns nur deklassiert oder klassenlos gemacht? Ich weiß es bis heute nicht; wir waren weder rechte Kleinbürger noch bewußte Proleten, hatten einen starken Einschlag von Bohème; das Wort ›bürgerlich‹ war eins unserer klassischen Schimpfworte geworden; die Elemente jener drei Klassen, zu deren keiner wir recht gehörten, hatten uns das, was man ›bürgerliches‹ (sprich bourgeois, das meinten wir) Christentum nennt, absolut unerträglich gemacht: Er, der Religionslehrer, hat wohl nie

verstanden, worum es ging – und ich drückte es wohl auch nicht klar genug aus. (Man sieht: Ärger mit Kirche und Staat hat er schon immer gehabt und beiden auch Ärger gemacht. Und: er ist insofern wirklich Kölner, als er weltliche und kirchliche Autorität nie so recht ernst, schon gar nicht wichtig genommen hat.)
Bloß deklassiert oder klassenlos? Die Frage bleibt unbeantwortet. Die übrigen Fächer außer Religion? Ich weiß nicht mehr, das lief so dahin, schon damals fing ich langsam an, mir die Schule zu ›instrumentieren‹, und weil ich dann doch Respekt vor der Klugheit des Religionslehrers hatte, der, wenn auch Bourgeois bis in die Knochen, keine Konzessionen an die Nazis machte, ging ich dann manchmal wieder in die Schulmesse in der Franziskanerkirche Ulrichgasse; das variierte den Schulweg via Rosenstraße; die Kirche selbst war mir – ich finde kein anderes Wort – ekelhaft, mit ihrem Kitsch und den Ausdünstungen ihres Publikums, es gibt nur ein Wort für diese Ausdünstungen: Mief, der sich inbrünstig gebärdete. Hin ging ich demonstrativ, gelegent-

lich nur, auch, um den Religionslehrer, den ich keineswegs haßte – wir hatten eben nur manchmal heftigen Krach miteinander –, ein wenig zu trösten; er litt sichtlich unter zu hohem Blutdruck, und einige der Hitlerjungen und Jungvolkführer konnten es sich nicht verkneifen, nicht etwa sich selbst – das hätten sie ja vor 1933 auch gekonnt –, ihre Uniform und ihren potentiellen Rang (es gab da so Schnüre!) gegen ihn auszuspielen; er war hilf- und ahnungslos, ahnte nicht, daß sich gerade darin das ›bourgeoise Element‹ zeigte und gegen ihn kehrte; daß diese bis März 1933 braven katholischen Jungen die ›neue Zeit‹ gerochen hatten und sie zu nutzen gedachten. Diese Belästigungen dauerten nicht lange, verstärkten sich auch nicht, ließen bald nach, und unser Abschied von ihm, knapp drei Jahre später, war fürchterlich, aber aus ganz anderen Gründen. Mich hielt er dann wohl doch noch für katholisch, wenn auch nicht brav. Aber gerade an der eigenen ›Katholizität‹ kamen Zweifel auf, verstärkt nach einem weiteren heftigen Schlag: dem Abschluß des von Papen und Kaas eingefädelten Reichskonkordats. Nach Machtübernahme, Reichstagsbrand, Märzwahlen erhielten die Nazis ausgerechnet vom Vatikan ihre erste internationale Groß-Anerkennung. Teile unserer Familie – darunter ich – erwogen ernsthaft den Kirchenaustritt, aber Kirchenaustritte waren gerade unter den ›Märzgefallenen‹* Mode geworden, und es hätte als eine Hommage an die Nazis mißverstanden werden können: so blieben wir ›drin‹. Das schloß erhebliche Krisen nicht aus, existenzielle und politische, und doch stolzierte ich mit stolzgeschwellter Brust mitten in dieser Krisenzeit, eine große Fahne tragend (weiß mit riesigem blauen PX), in einer Prozession mit und nahm den (nicht durchgängigen, nur gelegentlichen) Spott der Zuschauer wie eine Ehre entgegen: ich weiß nicht einmal, welche Prozession und in welcher Formation ich da ›auftrat‹, sicher ist nur der Stolz, die Fahne – und ich erinnere mich einer besonderen Massierung von Spöttischen in der St. Apernstraße. Möglich auch, daß ich doch noch in dieser Marianischen

* ›Märzgefallene‹ wurden die zahlreichen Deutschen genannt, die nach den Wahlen im März 1933 in die Nazipartei drängten.

Kongregation war, der ich mit einigem Eifer angehört hatte (Wochenendfahrten, ›aus grauer Städte Mauern‹, Theaterspielen, Puppentheater, Bergisches Land, oh Immekeppel, und der Geruch der noch friedlichen Wahner Heide, Singen und Wandern mit Wimpel, Lagerfeuer!) – ich trat aus dieser Kongregation aus, als man dort anfing, Exerzierübungen einzuführen, bis hin zu erheblichen ›Schwenkungen‹ fast in Kompaniebreite. Und mitten in dieser Krisenzeit übernahm ich für die Pfarre St. Maternus die Verteilungsstelle der ›Jungen Front‹, der letzten, tapfer untergegangenen Wochenzeitung der katholischen Jugend; angeworben für diesen Job wurde ich bei Streuselkuchen und Kaffeeersatz im Garten des Krankenhauses der Vincentinerinnen in Köln-Nippes von Otto Vieth; und dieser Job war auch eine Einnahmequelle; die Junge-front-Groschen, die erst eine Woche später abgeliefert wurden, halfen uns über manches knappe Wochenende hinweg.

Es gab da auch eine fast kirchenamtlich vertretene Parole, daß man in die Naziorganisationen eintreten solle, um sie ›von innen heraus zu christianisieren‹ – was immer damit gemeint gewesen sein mag – bis heute weiß ja keiner so recht, worin Christianisierung besteht. Manche – ich glaube, auch unser Direktor – folgten dieser Parole, und mancher blieb dann nach dem Krieg bei der Entnazifizierung auf der Strecke ›Schnödigkeit‹ liegen. Obwohl lange nicht mehr ›organisiert‹, trug ich immer noch demonstrativ das PX-Abzeichen am Rock, wurde ein paarmal angepöbelt von einem älteren Mitschüler, der – wen wundert's – ein besonders eifriger katholischer Jugendbewegter gewesen war. Mehr Ärger hatte ich auf der Schule nicht. Mit denen in meiner Klasse hatte ich keinen Ärger, sie kannten mich seit fünf-sechs Jahren, ich sie, es gab Dispute, keine Bekehrungsversuche, manche mißbilligten meine gelegentlichen frivolen Äußerungen über Hitler und andere Nazigrößen, aber keiner von ihnen, auch das SS-Mitglied nicht, wäre wohl je auf die Idee gekommen, mich zu denunzieren. Ich empfand keinen Groll, auch nicht gegenüber den Lehrern. Noch hielten wir für möglich, daß die Nazis nicht bleiben würden, lachten sogar manchmal im Vorgeschmack auf weitere opportunistische Wendungen der ›Bürger‹, die dann kommen würden, *wenn* – aber *wer* dann kommen würde, darüber hatten wir keine Prognosen. Ich blieb über's Abitur hinaus mit einigen meiner Mitschüler befreundet (den SS-Menschen allerdings mied ich, ich glaube, daß ich bis zum Abitur, in diesen drei Jahren, keine zwei Sätze mit ihm gewechselt habe). Wir hockten zu Schularbeiten zusammen, und ich versuchte, an einigen das merkwürdige deutsche Mathematiktrauma zu heilen, mit Konvertiteneifer, erst kurz vorher hatte mein Bruder Alfred dieses Trauma an mir geheilt, indem er systematisch und geduldig auf die Grundkenntnisse ›zurückbohrte‹, Lücken entdeckte, diese schloß, meine Basis stabilisierte. Das hatte zu einer solchen Mathematikbegeisterung geführt, daß wir wochenlang die Dreiteilung des Winkels zu entdecken versuchten, und manchmal glaubten wir der Lösung so nahe zu sein, daß wir nur noch flüsterten. Der im Nebenzimmer hausende ›möblierte Herr‹ war Dipl.-Ing. und als

solcher befähigt, unsere Entdeckung zu übernehmen.
Ja, ich hockte mit ihnen zusammen, büffelte Mathematik und Latein (auch so ein deutsches Traumafach, das sich bei mir zum Glück nie zum Trauma entwickelt hatte). Manchmal saßen wir abends im Büro meines Vaters im Hinterhof des Hauses Vondelstraße 28. Da Geld knapp war, Zigaretten und Tabak teuer, kauften wir die allerbilligste Sorte Zigarren (zu 5 Pfennigen), zerschnitten sie mit einer Rasierklinge und drehten Zigaretten draus. (Heute bin ich sicher, daß wir einer ökonomischen Täuschung erlagen.) Das kleine Bürohäuschen war verlockend gemütlich, ganz aus Holz, etwas zwischen Blockhaus und Baracke, es hatte schöne, solide gearbeitete Rollschränke mit Schiebetüren aus grünem Glas, in denen Beschläge und Zeichnungen lagen: neogotische Türmchen, Säulchen, Blumen und Heiligenfiguren; Entwürfe zu Beichtstühlen, Kanzeln, Altären und Kommunionbänken, Möbeln, und es gab da noch eine alte Kopierpresse aus Vorkriegszeiten, und immer noch Kartons mit Glühbirnen mit

Bajonettverschlüssen, obwohl wir doch hunderte davon im Garten der Kreuznacher Straße zerschossen hatten. Grüne Bürolampen, ein großer Tisch mit grünem Linoleum; Leimplatten, Werkzeug (was das Leimen betraf, konzentrierte sich der Generationenkonflikt zwischen meinem Vater und meinem Bruder Alois auf die ›barbarisch-revolutionäre‹ Erfindung des Kaltleims, dem mein Vater nicht traute, während mein Bruder dessen Zuverlässigkeit demonstrierte; aber mein Vater bestand auf heißem, gekochtem Leim, wie er auf dem Leimofen aus honiggelben Platten angerichtet und tüchtig gerührt werden mußte; Konflikte anderer Art, die hier nicht hingehören, gab's reichlich).

5

Ja, auch Schule, zunächst aber, im Schrekkensjahr 1933, nach Machtergreifung, nach Reichstagsbrand, Terror, den Märzwahlen und dem Tiefschlag des Reichskonkordats, geschah etwas, das sogar die Bürgerlichen in Köln erzittern ließ: im Juli – das Konkordat war unter Dach, wenn auch noch nicht unterzeichnet, fand in Köln ein Prozeß gegen siebzehn Mitglieder des Rotfrontkämpferbundes statt, wegen Mordes in zwei Fällen, versuchten Mordes in einem Fall; die Morde an den soeben von der KPD zu den Nazis konvertierten SA-Leuten Winterberg und Spangenberg waren geschehen. Aber siebzehn Mörder? Das glaubte keiner; es wurde auch nie geklärt, wer nun die beiden wirklich erschossen hatte; der Prozeß begann im Juli, im September wurden sieben der siebzehn Angeklagten zum Tode verurteilt und am 3. November im Klingelpütz mit dem Handbeil hingerichtet. Alle Gnadengesuche waren abgelehnt worden. Es gab kein Pardon. Göring, Ministerpräsident von Preußen, gab eine Erklärung dazu ab: ›Auf Grund dieser Vorfälle habe ich mich entschlossen, keinen Tag länger zu warten und mit eiserner Faust zuzufassen. Wer sich in Zukunft gegen einen Träger der nationalsozialistischen Bewegung oder einen Träger des Staates vergreift, muß wissen, daß er binnen kurzer Frist sein Leben verliert.‹ Wenn ich in meiner Erinnerung dieses Ereignis ein Jahr später, in den Herbst 1934, plaziert hatte, so mag das mit dem 30. Juni 1934 zusammenhängen, diesem allerletzten brutalen Ruck zur endgültigen Machtergreifung; dieser Tag ist mir als entscheidendes Signal in Erinnerung geblieben – es mag damit zusammenhängen, daß mir die Zeit bis zum 30. Juni als relativ still erschienen ist. Ich denke jetzt oft an diese sieben jungen Kommunisten, anläßlich des peinlich-elenden Palavers um die Anerkennung der Edelweißpiraten.

Eins weiß ich, wenn sich auch das Datum in meiner Erinnerung verschoben hatte: Am Tag der Hinrichtung hing Schrecken über Köln, Angst und Schrecken von der Art, die Vögel vor einem Gewitter auffliegen und Schutz suchen läßt – es wurde still, stiller; ich machte keine frivolen Bemerkungen über Hitler mehr, nur noch zu Hause und auch dort nicht in jedermanns Gegenwart.

Einer der Hingerichteten, der jüngste, neunzehn Jahre alt, schrieb in der Todeszelle Gedichte; der Ort der Niederschrift, das Schicksal des Verfassers heben die Verse weit über das hinaus, das man herablassend ›rührend‹

nennen könnte, und ich zitiere sie deshalb nicht, weil der tödliche Ernst vermindert werden könnte: die Gedichte, von einem Rotfrontkämpfer geschrieben, geben Auskunft über das ›Italienische‹ am (damaligen) Kölner Kommunismus; er dankt in einem Gedicht für die Kerzen, die man in der Kirche für ihn geopfert hat; gibt zu, daß er bei der Tat dabei war, bekennt, daß er nicht gemordet hat, und am Schluß des Gedichts dankt er seinem Freund, einem Rotfrontkämpfer, daß er nachts mit ihm gebetet hat – und bittet um ein Vaterunser an seinem Grab.
Für Göring, dessen Soldatenkaisermarotten in den Betrachtungen mancher Zeitgenossen als komisch bis fast liebenswürdig erscheinen, für diesen Räuber, Mörder, diesen blutrünstigen Narren, stand ich wenig später mit vielen anderen Kölner Schülern Spalier – er wechselte während der wenigen Stunden in Köln drei-, wenn nicht viermal die Uniform –, mich wundert's, daß noch kein lustiger Verfilmer *diese* Figur entdeckt hat: dieses Maskengesicht mit den Morphiumglitzeraugen, dieser große Jäger vor dem Herrn, dieser aufgebla-

sene Nimrod, der spätere Herr Meyer: *der* wäre doch was für's lustige Kino! Immerhin trugen seine Auftritte mit Dimitroff vor dem Reichsgericht zu unserer nicht geringen politischen Belustigung bei.
Damals, als die Hinrichtung bekannt wurde, zitterte die ganze Stadt unter dieser blutigen Faust – möglich, daß ich meinen Schrecken auf die Stadt übertrug.

6

Schule? Ja, auch. Bald hatte ich jene merkwürdige Bildungsstufe erklommen, die man die ›mittlere Reife‹ oder auch das ›Einjährige‹ nannte. In der Familie wurde aus ernsthaft ökonomischen Gründen erwogen, mich ›von der Schule zu nehmen‹ und ›in eine Lehre zu stecken‹. Erwogen wurde die Landvermesserei (›Da bist du immer an der frischen Luft‹ – meine Abneigung gegen Mief war bekannt – ›und außerdem ist es eine schöne Tätigkeit, mit Mathematik und so, die du ja gern hast‹). Weiteres Angebot: eine kaufmännische Lehre in einer Kaffeegroßhandlung in der (ich weiß nicht mehr, ob Großen oder Kleinen) Witschgasse, zu der ein Freund von uns Beziehungen hatte. Landvermesser – das klang wirklich nicht schlecht, und ich schwankte für ein paar Stunden, bis mir klar wurde, daß das eine mehr oder weniger amtliche Tätigkeit sein würde: das roch nach erzwungener Organisiertheit – und doch, heute noch, wenn ich über Land fahre und Landvermesser bei der Arbeit sehe mit ihren Geräten und Meßstangen, ergebe ich mich manchmal der Vorstellung, daß ich einer von ihnen hätte werden können, und auch das Büro der Kaffeegroßhandlung in der (Großen oder Kleinen) Witschgasse, verursacht mir, wenn ich später zufällig daran vorbeikam, eine merkwürdig sanfte Nostalgie; dieses *Wäre*, dieses *Hätte* – wenn ich auch fest entschlossen war, Schriftsteller zu sein, vielleicht sogar zu werden – der Umweg über Landvermessung und Kaffeegroßhandlung wäre nicht schlechter gewesen als andere Um- und Abwege, die ich dann ging. (Erst heute ermesse, begreife ich den tödlichen Schrecken, der meine Eltern und Geschwister ergriffen haben muß, als ich dann zwischen abgebrochener Buchhandelslehre und Arbeitsdienst, zwischen Februar und November 1938, noch nicht einundzwanzigjährig – und das mitten im etablierten Nazischrecken! – mich tatsächlich als *freier* Schriftsteller versuchte.)

Der Beschluß, mich ›von der Schule zu nehmen‹, wurde fallen gelassen, auf meinen eigenen energischen Einwand und den meiner älteren Geschwister; Berufsleben irgendwelcher Art bedeutete unerbittlich, organisiert zu werden, und diesen Zustand hatte ich bisher vermieden und wollte ihn weiterhin vermeiden. Ich lernte gern, war aber nicht sonderlich schulversessen, fing an, mich dort über lange Strecken zu langweilen, und ich wäre möglicherweise wirklich abgegangen, wenn die Nazis nicht gewesen wären. Ich wußte aber und nahm es voll zu Bewußtsein: die Schule, diese Schule jedenfalls, war das beste Versteck, das ich finden konnte, und genau betrachtet verdanke ich also den Nazis das Abitur, und vielleicht habe ich mich deshalb nicht für die Abschlußfeier und für mein Zeugnis interessiert, es auch unbesehen meiner späteren Bewerbung als Lehrling beigelegt. Von nun an, nach Erlangung dieser ›mittleren Reife‹, fing ich an, mir die Schule zu instrumentieren. Drei Jahre bis zum Abitur, wieviele Jahre bis zum Krieg, vielleicht weniger als drei? Und ich war zu feige, eine Verweigerung zu riskieren. Das wußte ich: die stummen, steinern aus KZs Entlassenen, die Vorstellung von möglicher Folter: nein, ich war nicht mutig. Dem Krieg zu entgehen, ganz gleich, wo – war außerhalb der Vorstellungsmöglichkeit. (Neulich fragte uns Frank G., siebenunddreißig Jahre alt, im vorletzten Kriegsjahr geboren, warum wir denn nicht emigriert wären, und es fiel uns schwer, ihm zu erklären, daß das einfach außerhalb unserer Vorstellungsmöglichkeiten lag: Es war, als hätte mich jemand gefragt, warum ich kein Taxi zum Mond bestellt hätte; natürlich wußten wir, daß Menschen emigriert waren: jüdische Bekannte – den Stürmer las ich ja regelmäßig im Aushängekasten an der Severinstraße – und auch ein Mann wie Brüning, aber *wir* – wohin und in welcher Eigenschaft? Eine auf komische Weise katholische Familie, die einfach gegen die Nazis war, aber das sind heutige Überlegungen; damals war es einfach weit außerhalb unserer Gedanken; eine Variation zur Emigration, die Desertion zu einer fremden Armee habe ich später nur vorübergehend erwogen und verworfen: So *willkommen*, dachte ich, wirst du da nicht sein – und so desertierte ich nach innen: nach Hause.)

Im gleichen Jahr 1934 wurden alle widerlegt, die geglaubt hatten, Hitler werde nicht lange bleiben: Der 30. Juni fegte alle diese Hoffnungen hinweg: ein Sommertag voller Gerüchte, Spannungen, mit einer merkwürdigen, schwer zu definierenden euphorischen Beimischung; das konnte doch wohl nicht wahr sein: so viele führende Nazis Kriminelle und auch noch Homosexuelle (von Röhm wußten wir's ja: den Slogan ›SA ARSCH WASCHEN RÖHM KOMMT‹ hatten wir vor, sogar nach 1933 noch an den Hauswänden gelesen). Diese Offenheit, mit der jetzt über die eigene Brut hergezogen wurde, das war doch überraschend, konnte ein Zeichen von Schwäche sein. Innerhalb von Stunden wurde klar: Es war ein Zeichen der Stärke, und wir wußten nun endlich, was eine innerparteiliche Säuberung ist. Wir hatten noch kein Radio, und ich war an diesem Tag dauernd mit dem Rad unterwegs, ausnahmsweise (warum ›ausnahmsweise‹ wird sich noch klären, Geduld!) auch in der Stadtmitte, am Heumarkt, am Neumarkt, am Dom, am Hauptbahnhof – es lag etwas in der Luft, es wurde geflüstert, getuschelt, hoffnungsvoll, bis dann Hitler gesprochen hatte und die Sondernummern der Zeitungen erschienen. Ich kaufte mir eine, suchte dann zu Hause aus meiner Schreibtischschublade das Päckchen ALVA-Zigarettenbildchen heraus, die Serie, die die gesamte Naziprominenz zeigte, sortierte alle aus, die erschossen worden waren: Das war ein stattliches Päckchen. In Erinnerung behalten habe ich die Gesichter von Heines und Röhm.

Das war, und es war zu spüren, das war nicht nur die endgültige Machtergreifung, es war auch die letzte Machtprobe, es war die endgültige Entlarvung Papens und Hindenburgs: auch Klausener, Jung und Schleicher ermordet, und da muckte offenbar niemand, jedenfalls nicht hörbar, muckte niemand, geschah nichts. Die Ewigkeit des Nazismus brach an. Wußten die Bürgerlichen, die Nationalen, was da geschehen war, wohin sie geraten waren? Ich fürchte, sie wissen es bis heute nicht: einer der absurdesten Tage der deutschen Geschichte, der Tag von Potsdam, am 21. März 1933, als Hindenburg einem Herrn im Frack Deutschland überreichte, hatte sie wohl alle geblendet. – Im gleichen Jahr, gleich nach dem 30. Juni. Laut einer Verfügung, die vor dem 30. Juni erfolgt war, wurde der Staatsjugendtag eingeführt, er wurde nicht Gesetz, das geschah, glaube ich, erst 1936, er wurde nur *verfügt*. Man muß sich das doch noch einmal vorstellen: Ein Staat, in dem ein Typ, eine Flatsche wie Baldur von Schirach über die gesamte Jugend *verfügte*! Wir wußten von ihm, was man inzwischen vergessen zu haben scheint, daß er ein Dichter war; ein *deutscher Dichter* verfügte über die deutsche Jugend! Von seinen vielen Versen kannten wir einen auswendig, summten und skandierten ihn vor uns hin: ›Ich war ein Blatt im Raum und suchte meinen Baum.‹ (Muß ich hier der löblichen Lyrikinterpretation Hilfe leisten und möglicherweise erklären, wer das Blatt im Raum und wer wohl der Baum war? Ich bin bereit dazu!) Irgendwann vor 1933, als die Kölner Universität noch in der Claudiusstraße – eine Minute von uns entfernt – lag, war Schirach dort nach einer Dichterlesung von ›linken Studenten‹ verprügelt worden. Diese Schirach-Flatsche verfügte also über die deutsche Jugend, und die deutschen Eltern ließen ihn über ihre Söhne und Töchter verfügen. Von den etwa zweihundert Schülern unseres Gymnasiums blieben drei übrig, die am Staatsjugendtag nicht schulfrei hatten, um am ›Dienst‹ teilzunehmen. Der Dienst bestand wohl aus einer Art Wehrsport, ich weiß es nicht genau, habe mich nie bei meinen Mitschülern danach erkundigt, nicht einmal bei denen, mit denen ich Schularbeiten machte: Wir sprachen über Kino und Mädchen, nicht über Politik, und wenn einer davon anfangen wollte, schwieg ich: ich hatte Angst, und zu Hause konnte ich sprechen, sogar, wenn einer von ihnen dabei war. Das hätte wohl doch keiner gewagt, unsere Familie zu denunzieren. Manchmal denke ich heu-

te, daß irgend ein relativ hoher Nazi, der sich nie zu erkennen gab, ›die Hand über unsere Familie gehalten‹ haben muß.
Wir drei (Bollig, Koch und ich) mußten also am Samstag in die Schule kommen, um, beaufsichtigt von einem Lehrer, dem das sichtlich lästig und ärgerlich war – er hätte wohl sonst frei gehabt –, die Schulbibliothek zu ordnen. Drei Jahre lang an den schulpflichtigen Samstagen ordneten wir zu dreien diese winzige Bibliothek, die in einem Nebenraum der ehemaligen Hausmeisterwohnung untergebracht war. Kein Titel, kein Autor, kein Buch, das ich in der Hand gehabt hätte, ist mir in Erinnerung geblieben. Nein, gelitten habe ich nicht, und ich hatte auch keinerlei Schwierigkeiten, nicht die geringsten. Ich nehme an, daß nach zwei Samstagen die ohnehin geordnete Bibliothek längst geordnet war; so rauchten wir, falls wir welche hatten, Zigaretten, tranken Schulkakao, gingen zwischendurch Eis essen, schlugen die Zeit tot; der aufsichtsführende Lehrer ließ uns ab zehn Uhr meistens allein, ging nach Hause oder ins Café, überließ dem Hausmeister Mirgeler die

Aufsicht, der uns dann spätestens um elf ebenfalls laufen ließ. Mirgeler war ein sanfter, liebenswürdiger Mensch, einer der wenigen Kriegsinvaliden, die nicht vom Krieg erzählten. Es war zu spüren, daß er ›Sympathisant‹ war, nicht *ausdrücklich*, das wäre zu gefährlich gewesen, wurde auch nicht erwartet; und im übrigen konnte einer natürlich auch am Samstag krank sein und krank werden. Bei Mirgeler und manchem Lehrer bedurfte es der Ausdrücklichkeit nicht, der Gesichtsausdruck genügte. Für einige der Lehrer und auch für Mirgeler waren wir, spätestens nach der Rheinlandbesetzung 1936, ›Morituri‹, das milderte manche Schärfe, die in ›normalen Zeiten‹ fällig gewesen wäre. Wenn ich sagen würde, mit der Einführung des (von Schirach *verfügten*) Staatsjugendtages hätte der Druck zugenommen, so wäre das schon übertrieben. Hin und wieder, nicht oft, später gar nicht mehr, ließ uns der Direktor zu sich kommen, einzeln, und versuchte, uns zum Eintritt in die HJ oder später die SA zu bewegen; nicht sehr eindringlich tat er das, eher bittend und – nicht sehr überzeugend – auf unser ›eigenes

Wohl‹ anspielend; offenbar wurden ihm Schwierigkeiten gemacht, wir drei versauten ihm die Statistik. Deutlich war spürbar, daß ihm selbst bei diesen Gesprächen nicht sehr wohl war, und seine Bitten nützten nichts, wir blieben hartnäckig bis zum Abitur. Ich frage mich bis heute, wieso zwischen uns dreien keine private Freundschaft entstand; sie entstand nicht, außerdem fehlte an diesen Samstagen immer der eine oder andere, manchmal fehlten zwei oder gar alle drei. Kontrolliert wurde diese merkwürdige ›Bibliotheksarbeit‹ ohnehin kaum noch.

Das Bittende in den Argumenten des Direktors war gefährlicher, als Drohungen gewesen wären, denn – er hat's wohl leider nie erfahren – ich mochte ihn ganz gern; er war weicher, als er manchmal tat oder tun mußte; der Typ Mensch, den man streng, aber gerecht nennt, und hatte doch ziemlich ›nah am Wasser gebaut‹: ein guter Geschichtslehrer, und Geschichte gehörte neben Latein und Mathematik zu meinen bewußt instrumentierten Lieblingsfächern. Dem Direktor verdanke ich frühe Einsicht in das Wesen des Kolonialismus, dargestellt am römischen; Einsicht in die parasitäre Fast-Stimmvieh-Existenz des altrömischen Pöbels. Er war wohl – heute würde ich das so nennen – hindenburgblind, eine fatale Eigenschaft vieler anständiger Deutscher – national, nicht nationalistisch, schon gar nicht nazistisch, aber ganz Frontkämpfer, erzählte gern von heiklen Situationen im Grabenkrieg, wo er als junger Offizier am Kopf verwundet worden war; und doch auch katholisch, Rheinländer mit einem sanften ›von‹ vor dem Namen. Als der erste ehemalige Schüler der Schule im spanischen Bürgerkrieg fiel, bei der Legion Condor – möglicherweise über Guernica – abgeschossen wurde, veranstaltete er eine Gedenkfeier mit bewegter Rede, Tränen in den Augen; mir war nicht wohl bei dieser Feier, ich mochte diese Bewegtheit nicht teilen, obwohl ich den Toten gekannt hatte – er war ein Mitschüler meines Bruders gewesen – und das vage ›nicht wohl‹ deute ich mir heute so: Wir lernen nicht für's Leben in der Schule, sondern für den Tod. Jahrgang um Jahrgang deutscher Abiturienten lernte für den Tod. War sterben für's Vaterland der höchste Wert? Frivol ausgedrückt: bei dieser Feier konnte einer den Eindruck gewinnen, der Direktor sei traurig darüber, *nicht* bei Langemarck gefallen zu sein. Ich weiß, das ist hart gesagt, und doch tue ich einem Toten damit nicht Unrecht: die verhängnisvolle Rolle dieser hochgebildeten, ohne jede Einschränkung anständigen deutschen Studienräte machte letzten Endes Stalingrad und Auschwitz möglich: diese Hindenburgblindheit. Ich kann für den Wahrheitsgehalt der folgenden Mußmaßung nicht garantieren: Der Direktor soll von hohem, wenn nicht höchstem Klerus aufgefordert worden sein, in die Nazipartei einzutreten, um ›zu retten, was zu retten war‹. (Es war, wie wir inzwischen erfahren haben, nichts zu retten, und ich weiß *auch*: das ist hinterher leicht gesagt!) Wir diskutierten das Problem mit Freunden und Bekannten, fanden es nicht unehrenhaft, aber töricht, kündigten niemandem die Freundschaft, der diesem Argument erlag.

Im übrigen hielten auch wir dem Druck nicht stand: Als die Kölnische Volkszeitung und die Rhein-Mainische nicht mehr erschienen, abonnierten auch wir den ›Westdeutschen Beobachter‹ und ärgerten uns über die geschickt-gescheiten Feuilletons des katholischen Autors Heinz Steguweit (›Ein Hakenkreuz am Wege steit – stumm kniet davor Heinz Steguweit‹). Auch wir hatten nach 1936 nach einem eindringlichen ›Rat‹ des Blockwartes eine Hakenkreuzfahne, wenn auch eine kleine; man konnte ja an Tagen, an denen flaggen Pflicht war, an der Größe der Fahnen *auch* Gesinnung ablesen. Mein Vater arbeitete damals, wenn er überhaupt noch Aufträge bekam, kaum noch für Kirchen und Klöster, fast nur noch für Behörden, und als die Aufträge noch knapper wurden, wurde ihm nahegelegt, wenigstens ein Familienmitglied sollte einer Naziorganisation beitreten. Eine Art Familienrat wurde einberufen, und das Opfer dieses Ratsbeschlusses wurde mein Bruder Alois, der nach einem kläglichen Vergleichsverfahren offiziell Geschäftsinhaber war; er wurde ausersehen, in die SA einzutreten (er nahm uns das bis zum Ende seiner Tage übel – und er hatte recht: Wir hätten wenigstens knobeln sollen). Er war das am schlechtesten für diese Mimikry geeignete Familienmitglied: der am wenigsten für eine Uniform geeignete Mensch, den ich gekannt habe, und er *litt*, litt wirklich unter diesen Hordenappellen und Marschübungen, und ich weiß nicht, wie oft er wirklich zu diesen Marschübungen ging – gewiß nicht mehr als dreimal; ich weiß auch nicht mehr, wie oft ich zu seinem Sturmführer ging, einem erst kurz vorher konvertierten Kommunisten, der in einer winzigen Mansarde Ecke Bonner Straße und Rolandstraße in der Drogerie Tappert wohnte, wo ich diesem Menschen, der mir als wüst, aber nicht unfreundlich in Erinnerung geblieben ist, im Auftrag meines Bruders mit einer Zehnerpackung R6 bestach, die es damals in schicken, flachen roten Schachteln gab, luxuriös geradezu, auf daß er meinen Bruder, obwohl ständig abwesend, als anwesend einträge. Er tat's, und wir nahmen in unsere verschiedenen frivolen Rosenkranzvariationen den Vers auf: ›Der du für uns in die SA eingetreten bist.‹ Und das ›Voll ist ihre Rechte von Geschenken‹ wurde variiert: ›Voll ist deine Rechte von R6.‹

7

Ja, die Schule. Ich hatte keine Schwierigkeiten, nicht schulisch, nicht politisch, keinerlei Belästigungen mehr. Es war abgemacht, daß ich nicht sitzenbleiben durfte, das konnten wir uns nicht leisten – und doch war der Gedanke verlockend: es hätte die Dauer meines Versteckes um ein Jahr verlängert, wenn nicht – nicht zu vergessen: wir lebten auf den Krieg zu: nicht nach uns, vor uns die Sintflut. Ich war entschlossen, nicht für den Tod zu lernen, der vielen, wenn nicht allen deutschen Abiturienten als höchstes Lebensziel verkündet worden ist. So lernte ich im Leben für die Schule und in der Schule – wie sich herausstellen wird – doch einiges für's Leben. Ich konzentrierte mich auf die Fächer, die ich mochte: Latein, Mathematik, Geschichte, lernte auch für sie, wenn ich nicht zur Schule ging. Es machte mir Spaß, für mich alleine, ohne jeden direkten Nutzen, einen Text zu übersetzen – in späteren Jahren blieb ich manchmal zu Hause, um an Sophokles' Antigone, deren langsame Behandlung in der Schule mich ungeduldig machte, allein weiterzuarbeiten. In den anderen Fächern tat ich genug, um nie unter ›ausreichend‹ zu rutschen, erschien, wenn es eben ging, zu den Klassenarbeiten. Wenn ich es zu arg trieb, rief der Direktor meine Mutter an, fragte, ob ich denn wirklich so krank sei. Ich hatte ein fast unerschütterliches Daueralibi: man nannte es damals chronische Stirnhöhlenvereiterung, die mich jahrelang wirklich quälte, bei der geringsten Bück-Bewegung Kopfschmerzen, Übelkeit verursachte. Manchmal denke ich heute, daß diese Krankheit nazigen war (mögen Ärzte und Psychologen darüber grübeln, gewiß gibt es politisch- oder systembedingte Krankheiten). Einen Vorteil hatte diese Krankheit: sie befreite mich vom verhaßten Turnen, ja, ich gebe zu: Turnen mochte ich nicht; da roch es immer so nach Männerschweiß und Vater Jahn, nach harter Leistung, und da war die Krankheit, auch wenn ich monatelang von ihren Anfällen verschont blieb, gerade recht. (Oh, die Bestrahlungen, die ›Durchbrüche‹, die heißen Kamillenbäder!) Was ich vermißte: Leichtathletik und Spiele – und die geliebten Kölner Straßen; es war mir ein-zweimal bei meinen Bummeleien passiert, daß plötzlich so eine Horde um die Ecke kam, alles zum Straßenrand lief, um die Hände zu recken, und ich mich mit letzter Kraft in einen Hauseingang retten konnte: der Schrecken saß tief (sitzt heute noch!), und auch nur die entfernteste Möglichkeit, daß plötzlich irgend so eine Horde auftauchen könnte, verleidete mir die Kölner Straßen. Es war eine Art Vertreibung, und so wurde ich vom Spaziergänger zum Radfahrer, wich in entfernte Vororte, in den Grüngürtel aus, fuhr den Rhein herauf und herunter zwischen Niehl und Rodenkirchen, nach Deutz. Das Radfahren wurde mir lieb, Radfahren mein einziger, ausgiebig betriebener Sport. Sport und Spiele hatte ich gern betrieben – ach, dieser Männer-Ernst beim Turnen hatte ja auch etwas lächerliches – Handball, Fußball, Schlagball, Leichtathletik, das alles fiel nach der Einführung des Staatsjugendtages aus. Es fielen die zwei nachmittäglichen Stunden mit dem merkwürdigen Unterrichtstitel ›Spielturnen‹ aus; wir hatten sie so oft weit über die Pflichtzeit hinaus ausgedehnt – an Sommernachmittagen auf den Poller Wiesen, viel auch außerhalb der Schulzeit gespielt, Schlagball vor allem. Inzwischen war es verboten, nicht ›organisiert‹ Sport zu treiben; mein Bruder Alois wurde einmal vorübergehend festgenommen, als er mit ein paar Jungen aus der Pfarrjugend auf den Poller Wiesen Fußball spielen ging; das war nicht bedrohlich, nur ein *Zeichen*, und es war, wie ihm ausdrücklich mitgeteilt wurde, eine *Warnung*. So wurde mein einziger Sport Radfahren: Ich erkundete unbekannte Vororte, fuhr rheinab- oder aufwärts an stille Stellen des Ufers, las (ja, auch Hölderlin). Mit Flickzeug, Luftpumpe, einer Karbidlampe war ich unabhängig, fast – mit nur ein paar Büchern auf dem Gepäckständer und ein wenig Tabak in der Tasche – fast ein ›Reisender ohne Gepäck‹. Auch zum Schwimmen konnte ich gehen, noch war nicht alles total.

8

Ja, auch Schule. Zeitweise wurde ich sogar im Deutschen ein ganz guter Schüler. Viel habe ich von der Deutschlektüre nicht behalten, nur ein paar Autoren sind mir im Gedächtnis geblieben, der eine hieß Adolf Hitler, Autor von ›Mein Kampf‹, Pflichtlektüre. Unser Deutschlehrer Schmitz, ein Mensch von scharfer, witziger, ironischer Trockenheit (für manche Autoren eben *zu* trocken!), nahm die geheiligten Texte dieses Autors Adolf Hitler zum Anlaß, uns Ausdruckskonzentration, Kürze genannt, nahe zu bringen. Das bedeutete: wir mußten etwa vier Seiten von ›Mein Kampf‹ auf zwei, möglichst auf anderthalb Seiten kürzen, dieses unsägliche, schlecht verschachtelte Deutsch – es gibt ja auch sehr gut verschachteltes Deutsch! – ›zusammenziehen‹. Man stelle sich vor: Texte des Führers ›zusammenziehen‹. Mir machte das Spaß, dieses Deutsch auseinanderzunehmen und neu zusammenzupacken. Ich las also ›Mein Kampf‹ genau – und auch diese Lektüre erhöhte meinen Respekt vor den Nazis nicht um den Bruchteil eines Millimeters. Immerhin verdanke ich dem Autor Adolf Hitler ein paar Zweien in Deutsch, die ich gut gebrauchen konnte, verdanke ihm auch – und hätte damit in der Schule *auch* für's Leben gelernt – möglicherweise eine gewisse Eignung zum Lektor und Neigung zur Kürze. Bis heute überrascht mich die Tatsache, daß niemand die Frivolität dieses Vorgangs – Führertexte ›zusammenzuziehen‹, bemerkte – auch mir wurde sie erst viele Jahre später klar, wurde auch das *Vielsagende* dieser Schulaufgabe klar, und erst sehr viele Jahre später, als der kopfschmerzgeplagte Studienrat Karl Schmitz bei uns nach 1945 in der Schillerstraße manchmal einen Schwarzmarktkaffee trank, erwies ich ihm Respekt und Dankbarkeit. Ein weiterer Autor, dem ich allerdings keine guten Noten verdanke, war ein gewisser Hanns Johst, dessen ›Schlageter‹ wir nicht nur lesen, sondern uns auch anschauen mußten: sämtliche Kölner Schulen mußten geradezu durch's Schauspielhaus getrieben werden, es gab, wenn ich mich recht erinnere, sogar Vormittagsvorstellungen. Mein Eindruck: ein sehr schwaches Stück. Der Held imponierte mir weder als Katholik noch als Saboteur, und er war wiederum nicht schwach genug, um als *schwacher Held* zu imponieren. Gute Deutschnoten (die selten waren) verdanke ich Jeremias Gotthelf; wir studierten – nicht mehr bei Schmitz, der erst später wieder unser Deutschlehrer wurde – ausgiebig ›Uli, der Knecht‹ und ›Uli, der Pächter‹ und schrieben Aufsätze darüber. Kein Zweifel, mir lag Vreneli näher als Uli. Ich erging mich seitenlang über Vrenelis Großzügigkeit im Vergleich zu Ulis ängstlicher Kleinlichkeit, dachte, was Männer oft denken: die war doch zu schade für den! Und ich erklärte (Gott und Gotthelf mögen mir verzeihen) die Unterschiede zwischen den beiden ›milieubedingt‹. Ich nehme an, daß Gotthelf auf den Lehrplan geriet, weil irgend ein Blubolehrplanstratege* glaubte, das bäuerliche Fühlen, Denken, Handeln würde uns durch ihn näher gebracht. Die Beschäftigung mit Gotthelf hatte einen abschließenden Aufsatz zur Folge, der ›Stadt und Land, Hand in Hand‹ (eine beliebte Nazipa-

* ›Blubo‹ ist die Abkürzung für ›Blut- und Bodenideologie‹ der Nazis.

role) hieß. In diesem Aufsatz hielt ich ein leidenschaftliches Plädoyer für die Stadt und erklärte Vreneli kühn (und irrtümlich, wie ich längst eingesehen habe) für städtisch. (Es wäre der Mühe wert, einmal zu erforschen, aus welch dümmlich-irrigen, oberflächlich-ideologischen Kurzschlüssen heraus in Diktaturen Bücher ›zugelassen‹ werden oder ›durchschlüpfen‹ (Wie später Evelyn Waugh, den wir prompt für eine Frau hielten – oder Bloy und Bernanos, deren Antiklerikalismus man gründlich mißverstand.).

9

Ja, auch Schule. Es wurde kälter, härter, auch ökonomisch, und wir lebten auf den Krieg zu. Es blieb viel: die Loyalität der Eltern und Geschwister, der Freunde, auch solcher, die längst in Naziorganisationen waren – es blieb das unersetzliche, fast heilige Fahrrad, dieses flinke Vehikel der Mobilität, Fluchtgefährt leichter Bauart, vieler Hymnen würdig und – wie sich spätestens 1945 herausstellte – das einzig zuverlässige, wertvollste mechanische

Fortbewegungsmittel. Was braucht ein Auto alles? Schwerfällig ist es, genau besehen, abhängig von tausend Kleinigkeiten, ganz zu schweigen vom Brennstoff, von den Straßen. Wo kommt man mit dem Fahrrad noch durch – und nicht zu vergessen: der Vietnamkrieg wurde mit Fahrrädern gewonnen, gegen Panzer und Flugzeuge. Flickzeug, Luftpumpe, Lampe – leichtes, fast gar kein Gepäck – und was läßt sich notfalls alles an ein Fahrrad hängen, ihm aufladen?

Es blieb auch die Krankheit – sie blieb auch im glorreichen Arbeitsdienst, in der ebenso glorreichen Wehrmacht –, aber schon im Gefangenenlager, in diesem merkwürdigen Zustand von Befreiung und Gefangenschaft zugleich, und erst recht während der Nachkriegszeit und bis heute: keine Spur mehr von ihr! War sie wirklich nazigen? Das mag schon sein, denn ich war gegen die Nazis *auch* allergisch.

Noch von der Maternusstraße aus spazierten wir über die düstere Südbrücke, am Rhein bei Poll vorbei, durch Poll durch, zwischen sommerlich duftenden Getreidefeldern, auf staubigen Feldwegen, den Wasserturm als Wegzeichen vor uns, auf die Kasematten zu, in der mein Bruder Alfred seinen ›freiwilligen‹ Arbeitsdienst ableistete (die Ableistung dieses ›freiwilligen‹ Arbeitsdienstes war eben ›nur‹ die Vorbedingung für die Studienerlaubnis). Die stinkende unterirdische Kasematte aus den achtziger oder gar noch früheren Jahren des vorigen Jahrhunderts, aus der wir unerlaubterweise – er hatte noch keinen Ausgang – meinen Bruder herausrufen ließen: wie ein Sträfling kam er mir vor, niedergedrückt. Als ›Abiturist‹ war er automatisch ›Inteleller‹, wurde als solcher beschimpft und zur schwersten Arbeit abkommandiert; am Lagertor zwei – immer die selben – junge und doch schon verbrauchte Huren, Mitleid erregende Geschöpfe, die sich mit jedem, dem es gelang, den Posten zu bestechen oder zu überreden, um ein geringes Honorar ins Gebüsch legten. Dieses unterirdische düster-feuchte wilhelminische (Wilhelm I.!) Kasemattengebilde, der Geruch, die Gedrücktheit, die beiden Huren, die nicht einmal andeutungsweise ›aufgedonnert‹ waren (sie waren das einzige Angebot weit und breit) – erhebend war das nicht. Wir brachten ein paar Zigaretten mit, plauderten gedrückt miteinander, spürten die Grausamkeit der Besuche in oder an Kasernen. (Ach, Lili Marleen, du weißt doch, daß wir uns nie unter die Laterne gestellt haben! Wer stellt sich denn mit einem oder gar seinem Mädchen ausgerechnet unter die Laterne vor dem großen Tor? – in der dunkelsten Ecke an der Mauer standen wir –, und süß war's nicht: aus deinen Armen zurück in den Männermief!) Bedrückt zogen wir heimwärts, am Bahndamm entlang, sommerlichen Staub auf den Lippen, der Geruch der Kornfelder, im Herzen, im Hirn, im Bewußtsein hatte ich ihn: den *Vorgeschmack*, der sich nicht viele Jahre später als zutreffend herausstellte. Ich wußte, daß ich hineingeraten würde, nicht die Kraft und den Mut hatte, mich den beiden fälligen Uniformen zu entziehen. *Wir* gingen nach Hause, Sommerabend, Wasserturm, Bahndamm, Getreidefelder, der Rhein. Wurde in diesem Jahr schon an den Kasernen in Poll-Porz gebaut? Dieses Gerücht trug manchem Verhör und Haft ein, der damals schon

behauptete, was sich wenig später als wahr herausstellte: daß dort – immerhin war das Rheinland noch entmilitarisiert – Kasernen gebaut würden. Wurden damals schon die Fundamente für die Köln-Rodenkirchner Autobahnbrücke gelegt: diesen strategischen Durchbruch nach Westen?
Noch einmal und immer wieder: *auch* Schule, ja. Mit den beiden richtigen Nazis unter den Lehrern (beide vom Typ Rabauke oder Rauhbein) hatten wir nichts zu tun, und so hatte ich keinen Ärger mit den Lehrern (sie mit mir wohl mehr). Wenn da einer sein erbärmliches Griechisch oder Latein einmal – was selten vorkam – mit seiner Uniform ausgleichen wollte, blickte mich der Studienrat Bauer an (ich hatte ihn von Sexta bis Oberprima) – es bedurfte keiner Ausdrücklichkeit zwischen uns; er war ein Demokrat, Humanist, keineswegs kriegsversessen, wies uns auf das *auch* aktuell-parodistische der griechischen Komödie hin, sprach gelegentlich über's Zigarrenrauchen und Sherrytrinken, ignorierte Flegeleien, las dann später mit uns Juvenal. Juvenal und Tacitus waren seine la-

teinischen Lieblinge. (Ich sah Bauer ein letztes Mal im Spätherbst 1944 von einem fahrenden Lazarettzug aus im Rollstuhl auf dem Bahnhof Ahrweiler oder Remagen.) Ärger mit Lehrern? Nein. Sogar der Ärger mit dem Religionslehrer ließ nach, und nicht einmal mit dem Turnlehrer hatte ich welchen; er lud mich, obwohl ich ›von den Leibesübungen befreit‹, also turnlehrerisch betrachtet fast ein Asozialer war, gelegentlich ein oder bat mich, illegal an einem Schlagballwettspiel gegen eine andere Schule teilzunehmen; ich war – das war familienbedingt, meine beiden älteren Brüder waren geradezu Schlagballstars, und wir hatten auf den Wiesen im Vorgebirgspark viel gespielt –, ich war kein schlechter Schläger, und so schlug ich also illegal am Aachener Weiher oder im Blücherpark den Ball gegen irgend ein Kölner Gymnasium. Eins muß noch festgestellt werden: besser als die Mitschüler oder gar ›rein‹ kam ich mir nie vor, nur – dieses winzige NUR! – fremd, fremd war mir das alles, was da so außerhalb von mir lief, fremd und wurde immer fremder. Nur das Fahrrad und das Schulschwänzen rettete mich davor, ein Stubenhocker zu werden, und doch hockte ich jetzt schon öfter in der Stube und übersetzte mir lateinische oder griechische Texte, und, noch lange nicht achtzehn, war ich wohl auf dem besten Wege, vom Außenseiter zum Sonderling zu werden. Nicht nur das Fahrrad rettete mich davor, auch ein paar Mädchen. Und doch war meine Entwicklung keineswegs beruhigend. Eltern, Geschwister, Freunde machten sich – mit Recht – Sorgen, und immer häufiger wurde die Frage aufgeworfen: WAS SOLL AUS DEM JUNGEN BLOSS WERDEN? Meine Geschwister hatten einen Beruf oder waren auf klarem Weg dahin: Mittelschullehrerin, Buchhalterin (kaufmännische Angestellte), Schreiner, Theologiestudent. Theologie? Das war nicht so weit hergeholt und hätte einen Ausweg geboten, aber innerhalb von Minuten hatte ich ge- und erklärt, daß Theologie nicht in Frage käme. Als Studium hätte mich das schon gereizt, aber Theologie studieren und Priester werden war damals identisch, und da gab's ein Hindernis, das ich so diskret wie möglich ausdrücken möchte: Die Schönheiten und auch Reize, die tiefen und weniger tiefen des weiblichen Geschlechts waren mir nicht verborgen geblieben, und ich war nicht gewillt, drauf zu verzichten. Zölibat – das war ein Schreckenswort.

Von vornherein die doppelte Moral zu erwägen – das war außerhalb jeglicher Überlegung, und so etwas wie Laisierung (aber wozu dann Priester werden, wenn man schon auf Laisierung spekuliert?) war zu dieser Zeit so undenkbar wie eine Fahrt zum Mond.

Schließlich (hier muß ich ausnahmsweise *auch* mal lateinisch zitieren): vestigia terrebant. Die Spuren erschreckten. Es gab da Fälle von Verstrickung und Verwicklung in Verwandtschaft und Bekanntschaft, es gab ›Gestrauchelte‹, ›Gestolperte‹, Hingefallene, Gestürzte, und manch einer, der die Mondfahrt versucht hatte, landete auf dem Bauch. Mein Vater hatte viel für Kirchen und Klöster gearbeitet, und seine Milieukenntnisse, die er uns nicht vorenthielt, waren ausreichend genug; diese hatten ihn wohl veranlaßt, uns striktestens das Ministrieren zu verbieten (wozu ich übrigens nie die geringste Neigung verspürte).

Und da gab's ja noch, und das wurde heftig diskutiert, weil's Theologiestudenten genug in der Umgebung gab – es gab noch den Weg des SUBLIMIERENS, aber ich wollte *das* gar nicht sublimieren.

10

Die Ansicht, die hin und wieder anklingt, als habe nach dem 30. Januar 1933 sofort eine Art Wirtschaftswunder stattgefunden, kann ich, was unsere Familie betrifft, nicht bestätigen. Der SA-Eintritt meines Bruders hatte nichts ›gebracht‹ (Variation des Rosenkranzverses: ›Der du für uns *umsonst* in die SA eingetreten bist.‹) Es ging uns schlechter als vor 1933, und das kann nicht nur an ›politischer Unzuverlässigkeit‹ gelegen haben. Mein Vater hatte sehr wohlwollende alte Bekannte bei den Behörden. Mühsamste Beschäftigung blieb es: neue Lebensmittelkredite aufzutun oder alte zu bezahlen, um neu auf Pump zu gehen, und die ständig drückende Dauerlast: die Miete. Ich weiß bis heute nicht, wovon wir lebten. Wie? Das wäre mit ›von der Hand in den Mund‹ zu euphemistisch ausgedrückt. Sicher ist – und da mögen die Nationalökonomen sich die Köpfe zerbrechen, bevor sie sie schütteln –, wir lebten ÜBER und UNTER unseren Verhältnissen. Eins ist nachweisbar: wir überlebten, und so waren diese Jahre auch eine Art Überlebenstraining. Gäbe es da irgendwelche Akten, Notizen, oder gar Buchführung, ich würde sie gern einmal studieren, um das WIE herauszufinden, aber es gibt keine Unterlagen, es fanden nur immer wieder Familienkonferenzen statt, bei denen Etats aufgestellt, Budgets beschlossen wurden, Taschengelder nach Alter und Geschlecht (›Die Mädchen brauchen doch Strümpfe!‹), und in den schwarzen Notizbüchern meines Vaters schriftlich fixiert wurden. Das alles war wohl ziemlich ›literarisch‹. Von Wirtschaftswunder jedenfalls keine Spur. Es wurde viel Dickens und zwar der alte Micawber aus David Copperfield zitiert, der ja bekanntlich ein toller Rechenkünstler war, ein – wenn auch verkanntes – Finanzgenie, der einem genau vorrechnen konnte, wie man zu Wohlstand kommt, wie man in Armut gerät – und der selbst dauernd im Schuldgefängnis saß! Mein Vater war kein Micawber, keineswegs – er war ernst und gewissenhaft, auch verzweifelt, mit einer gewissen Neigung zur ›Flucht nach vorne‹, lebte lieber über als unter seinen Verhältnissen. So zogen wir im Jahr 1936 – zum dritten Mal innerhalb von sechs Jahren (es war der letzte Umzug des elterlichen Haushalts, den Rest besorgten die Bomben) – noch einmal um, und auf ›der Flucht nach vorn‹ in eine etwas teurere Gegend, zum Karolingerring, in eine Wohnung, die dreißig Jahre vorher als ›hochherrschaftlich‹ gebaut worden war, und leisteten uns den Luxus (nobel geht die Welt zugrunde!), nach zwei möblierten Herrn auf dem Ubierring, einem in der Maternusstraße nun keinen mehr zu haben. Dieser Umzug war angesichts der keineswegs verbesserten Lage gewiß nicht logisch, aber konsequent. Wir hatten den verrückten, vielleicht sogar kriminellen Wunsch, *zu leben* und zu überleben. Wir schlugen uns durch.

Schule? Ja. Lernen blieb mir wichtig, auch wenn ich die Schule möglichst mied, saß über Mathematikbüchern, lateinischen Texten, und es gab ein Fach, in dem mein Lerneifer, ja meine Wißbegier in der Schule nicht befriedigt wurde: Geographie. Ich liebte Atlanten, sammelte sie zeitweise, versuchte herauszukriegen, *wie* und *wovon* lebt man *wo*? Man nennt das wohl Wirtschaftsgeographie. Ich stöberte in Lexika, besorgte mir – ich kann nur sagen: irgendwie – Lesestoff, fand in der (im übrigen verachteten) Bibliothek meines Vaters ein vielbändiges, völkerkundliches Werk eines Missionars, das ich verschlang, suchte Expeditionsberichte – nebenbei natürlich.

Nebenbei auch wurde ich ›Sekretär‹ des Kaplans Paul Heinen von St. Maternus, legte Karteien für ihn an, erledigte Teile seiner Korrespondenz – und er gab mir hin und wieder einen Obolus von seinem kärglichen Gehalt. Viel mehr als ein ›Spiel‹ und auch eine Flucht war das nicht: die Sintflut lag nicht hinter, sie lag vor uns. Irgendwann im Jahr 1936 sah ich Heinen zum letzten Mal, traf ihn auf der Severinstraße zwischen dem ›Kino für Jedermann‹ und dem Friedrich-Wilhelm-Gymnasium, wunderte mich, wie eilig er es hatte, wie er sich fast hastig von mir verabschiedete, und erfuhr ein paar Tage später, daß er an eben diesem Tag auf eben diesem Weg unterwegs in die Emigration war: über Holland nach Amerika. Ich glaube, er war wohl zu eng mit (damals noch Kaplan) Rossaint befreundet. Genaueres habe ich nie erfahren.

11

Das materielle Überleben überlagerte das politische Überleben. Es kamen schlimme Tage, Wochen, Monate, und viel Freude und Freunde. Es gab die billigen und großartigen Gürzenich-Konzerte, erstaunlich mutige Vorträge im Katholischen Akademikerverband, dessen Initiator Robert Grosche war, es gab Kinos, und abends nach Einbruch der Dunkelheit, wenn mit den Nazihorden nicht mehr gerechnet werden mußte, konnte man sogar leichten Herzens spazieren gehen, vielleicht sogar mit einem Mädchen. Köln war noch eine erträgliche Stadt – und nicht viel später tauchte ja auch die eine auf, die Annemarie heißt. Doch das führt über die zu beschreibende Zeit hinaus, und würde ich die Zeit – rückwärts weit hinter 1933 zurück (möglichst bis 1750) und vorwärts über 1937 hinaus (möglicherweise bis 1981) –, würde ich die Zeit überschreiten, es würde ein Riesenfamilienschinken daraus, vielleicht interessant – so interessant wie jeder Familienbericht, doch auch nicht interessanter. So beschränke ich mich auf die zu beschreibende Zeit, möglichst auf ihr *Äußeres* und gebe vom Inneren nur preis, was zum Äußeren gehört, oder sich daraus ergibt; nicht einmal andeutungsweise also die Spannungen, Konflikte, Probleme und halben Tragödien, und wenn ich mich an diesen vier Jahren versuche und da stellenweise Heiterkeit sich zeigen sollte, so trifft das zu: doch war dieses Lachen oft von jener verzweifelten Art, wie man sie gelegentlich auf mittelalterlichen Bildern sieht, wo das Lachen der Erlösten dem Gesichtsausdruck der Verdammten manchmal ähnlich sieht.

Wir schlugen uns also durch, und nach jedem Umzug wußten außer den Verwandten und Freunden ebenso rasch der Gerichtsvollzieher und die Bettler unsere neue Adresse: meine Mutter schickte keinen fort, und sie hatte eine souveräne Art, Gerichtsvollzieher weder für Feinde zu halten, noch sie wie solche zu behandeln: so erhielten wir manchen guten Rat von ihnen, und das Pfandhaus blieb uns ein vertrauter Ort. Schön war's nicht; wir waren beides: schwermütig und leichtsinnig, ganz und gar unvernünftig, gingen gerade dann, wenn wir's uns keinesfalls hätten leisten sollen, zum Essen ins Restaurant, luden möblierte Herren, solange wir welche hatten, zum Kartenspiel ein, in der tückischen Absicht, zwanzig Pfennige für eine Schachtel ALVA oder Eckstein herauszuschlagen, bis wir lachend feststellten, daß sie ähnliche Absichten hatten, zusammenlegten und gemeinsam rauchten.

Jede Gelegenheit, Geld zu verdienen, wurde wahrgenommen: der fürchterlichste Reinfall war ein Versuch, durch Adressenschreiben Geld zu verdienen oder gar Reichtümer zu erwerben – immerhin besaßen wir eine Schreibmaschine (auf der ich dann meine ersten Kurzgeschichten, von Dostojewski beeinflußt, später von Bloy, schrieb – aber ich schrieb auch einen handschriftlichen Roman, der meine spätere Frau ein wenig verwunderte, weil der ›Held‹ zwei Frauen hatte) –, das Unternehmen endete kläglich. Unser Auftraggeber, ein Arbeitsloser, der mit selbstgebastelten Nikolaus- und Weihnachtsruten ebenfalls reich zu werden hoffte, erwartete nicht nur, daß wir die Adressen schrieben, wir mußten sie auch aus dem Telefonbuch heraussuchen, mußten Briefumschläge und das Papier, auf dem getippt wurde, stellen. Frage: Wer braucht Nikolaus-Weihnachtsruten? Bäckereien, Konditoreien, Lebensmittelläden – eine mühsame Arbeit. Schließlich stellte sich heraus, daß es unserem Auftraggeber dreckiger ging als uns – ich weiß nicht, ob er je ein paar Ruten loswurde –, und wir ließen es beim abgemachten Lohn bewenden, der nicht einmal andeutungsweise die Unkosten deckte. Und natürlich halfen wir im ›Betrieb‹, wenn da überhaupt etwas zu helfen war: fuhren mit hochbepacktem, schwer zu balancierendem zweirädrigem Handkarren (der auch bei unseren Umzügen diente) neue oder reparierte Büromöbel zu Behörden. (Oh, ihr Finanzämter Süd, Altstadt und Nord und die Oberfinanzverwaltung Wörthstraße – an der vorbei wir heute manchmal Richtung Rhein spazieren.) Nachts erneuerten wir im Kassenraum des Finanzamtes Süd, einem seit 1806 säkularisierten Karthäuserkloster, den Fußboden, der angeblich noch napoleonischen Ursprungs war, hofften, Münzen zu finden, möglichst alte, und bedachten nicht, daß Karthäusermönche im 18. Jahrhundert kaum mit dem Geldbeutel in der Kutte herumgelaufen waren und daß die modernen Kunden des Finanzamtes eisern ihre Groschen beisammen hielten.

Etwas mehr Erfolg beim Stundengeben: der Markt war klein, das Angebot riesig, es gab arbeitslose Lehrer, Referendare, Assessoren, auch Studenten genug und ausreichend auf einen Nebenverdienst erpichte, nicht arbeitslose Lehrer und Studienräte; unübersehbar das Angebot, winzig der Markt, und das drückte natürlich die Preise (oh, freie Marktwirtschaft!).

Meinen ersten Schüler fand ich auf Grund

einer Annonce, einen netten Jungen, dem ich für fünfzig Pfennig die Stunde Latein und Mathematik beibrachte. Ich hatte mehr Angst vor seinen Klassenarbeiten als er; deren Ergebnis war das Erfolgsmerkmal, auf das die Eltern aufmerksam lauerten. Ich wandte die Methode an, die mein Bruder bei mir angewandt hatte: Lücken bohren, Lükken schließen, und siehe da: er besserte sich. Ein Versuch, in Französisch nachzuhelfen, scheiterte elend – an den ausgezeichneten Französischkenntnissen der Mutter des Knaben, die *meine* Lücken rasch herausfand, mich freundlich auszahlte und nach Hause schickte. Bevor ich über den Wert von fünfzig Pfennigen mich auslasse, möchte ich nur darauf hinweisen, daß acht Jahre später noch der Stundenlohn einer ungelernten Gärtnereiarbeiterin nicht viel höher, eher geringer als fünfzig Pfennige war; und daß die wöchentliche Arbeitslosenunterstützung einer dreiköpfigen Familie einschließlich Mietzuschuß keine siebzehn Mark betrug. Meine Schwester Mechthild, arbeitslose Realschullehrerin, stets familienloyal, war zu dieser Zeit für 30

Mark monatlich, von denen sie 25 nach Hause schickte, Hauslehrerin bei einer gräflichen Familie in Westfalen. Da war ein wöchentlicher Nebenverdienst für einen absolut Ungelernten (der sich später auf 75 Pfennige für die Stunde steigern konnte) von vier bis fünf Mark als reines Taschengeld nicht wenig, es erlaubte mir sogar ein Konto bei einem modernen Antiquariat einzurichten, das mir Abschlagzahlung gewährte. Hier sollten nicht ›harte‹ Zeiten gegen ›weiche‹ ausgespielt werden: ein lächerlicher Veteranensport, wie ich finde.

Fünfzig Pfennige, das bedeutete zwei bis drei antiquarische Bücher – ein Balzac für einen Groschen und ein Dostojewski für zwei sind mir noch aus der Bücherkiste eines Antiquariats in der Herzogstraße neben dem Skala-Kino in Erinnerung; fünfzig Pfennige bedeuteten einen Kinobesuch in der billigsten Klasse plus drei Zigaretten, ein Klavierkonzert auf Schülerkarte (oh, Monique Haas), zwei Tassen Kaffee plus drei Zigaretten, aber auch – und ich lud manchmal meine Mutter und meine Schwester Gertrud dazu ein – vier frische

Brötchen und ein Viertel gekochten Schinken, denn Gott sei's gedankt und geklagt: Appetit hatten wir immer. Gegeneinladungen von meiner Schwester Gertrud gab es viele. Und aus gut unterrichteter Quelle wurde mir versichert, daß auch der Mindestpreis für die käufliche Liebe in den Hinterzimmern bestimmter Cafés in gewissen Bezirken, allerdings von Amateurinnen, auf fünfzig Pfennig gefallen sei; das natürlich auf national unzuverlässigem Gelände – im soeben erwachten Deutschland!

12

Ich denke mir (heute!), daß es eben weit, weit über die Verhältnisse leben hieß, alle Kinder Gymnasien oder Lyzeen absolvieren zu lassen und sie auch noch studieren zu lassen (So ganz gerecht ging's dabei nicht zu!). Meine Eltern hatten beide nur die Volksschule besucht, höhere Schule, das war bei ihren Eltern nur was für die Söhne, und studieren war nur erlaubt, wenn einer Theologie studierte (auf diese Weise wurde dann aus einem so leidenschaftlichen wie begabten Juristen ein nicht sehr glücklicher Priester und aus einem potentiellen Theologen ein atheistischer Studienrat). Meine Eltern hatten wohl heftiger unter diesem Zwang und anderen Zwängen gelitten, als sie zugaben, uns aber wollten sie frei sehen, in ›freier Entfaltung‹.

Die einzig sichere Einnahmequelle waren zeitweise die möblierten Herren, aber die deckten nicht einmal die Miete, und von den drei Mietshäusern, die mein Vater als seine Altersversicherung gebaut hatte (und er ging in diesen Jahren schon auf die siebzig zu) war nur eins verblieben, eine alte Mietskaserne, Vondelstraße 28, worin auch Werkstatt und Büro, beide ›Bude‹ genannt, lagen. Aber dieses Haus war nur selten, immer nur für kurze Zeit, in ›unserer Hand‹, es war fast nie *nicht* in Zwangsverwaltung, es gab da die unerbittliche Hauszinssteuer, Hypothekenzinsen, Versicherungsprämien – irgendeiner schlug da immer mit eiserner Faust zu. Was waren das für herrliche Zeiten, wenn das Haus einmal frei war und meine Schwester Gertrud Mieten kassieren ging. Herrliche, aber sehr kurze Zeiten, denn bald schlug dann wieder einer zu. Die Zeiten wurden nicht besser, erst später, nach den zu beschreibenden Zeiten, als meine älteren Geschwister ein wenig Geld verdienten. Kluge Leute werden – mit Recht! – feststellen, was auch damals kluge Leute schon feststellten, daß wir eben *unvernünftig* waren. Ja, das waren wir, denn wir waren verrückt genug, auch noch Bücher zu kaufen und sie zu lesen: fast alles aus dem Verlag Jacob Hegener, auch Mauriac, Bernanos und Bloy, und Chesterton und Dickens und Dostojewski, sogar den alten Weininger und Claudel und Bergengrün, solange es ihn gab, und sogar die ›Hammerschläge‹ von Lersch und, wie schon berichtet, Evelyn Waugh und Timmermanns, Ernest Hello, Reinhold Schneider, Gertrud von Le Fort und natürlich Theodor Haecker. Ja, das war ganz unvernünftig, und die vernünftigen Leute liehen sich die Bücher bei uns, kamen sehr gern zu uns und diskutierten, und da wurde dann eben manchmal auch ein halber oder viertel- oder gar ein ganzer Nazi angebrüllt. Lebhaft ging's zu, und doch herrschte gleichzeitig ein lähmender Pessimismus, wir spielten auch nächtelang Karten, um Geld, und wußten doch, daß keiner das gewonnene Geld behalten würde, und Spielschulden häuften sich und wurden gestrichen, und wir spielten doch, als wär's ernst. Und unvernünftig war wohl auch, daß zwei meiner Geschwister, ein Bruder und eine Schwester, eine Schwester im Kontor und mein Bruder in der Werkstatt, mitarbeiteten, in einem Betrieb, in dem so wenig zu tun war; und doch mußten sie da sein, um die Einnahmen aus der Lohnschreinerei (stundenweises Vermieten der ausgezeichneten Maschinen) vor dem Gerichtsvollzieher zu retten. Es blieb so knapp bis zum Kriegsausbruch (im Krieg – und hier überschreite ich das Jahr 1937 – fließt das Geld ja immer flott, und bald gab's in Köln genug zu reparieren. Kriege lösen auch Arbeitslosenprobleme, das wird manchmal vergessen oder unterschlagen, wenn von diesem Hitlerschen Wirtschaftswunder gesprochen wird. Kriege regulieren ja auch die Zigarettenpreise, die letzten Endes von 1 bis 1,5 Pfennige für die blonde holländische Ware auf 800 Pfennige für amerikanische stiegen.).

13

Ja, Schule auch, wirklich, ich komme bald wieder drauf. Noch war ich ja Schüler, Lebensschüler sozusagen, von Schwermut und Leichtsinn befallen und doch fest entschlossen, kein Todesschüler zu werden – wenn es sich eben vermeiden ließ. Noch einmal also: wir schlugen uns durch. *Einzig wichtig* (und ich erspare mir einige Dutzend Anekdoten), und das war eine gute Schulung: die finanziellen Schwierigkeiten machten uns nicht de-, sondern hochmütig, sie machten uns nicht anspruchslos, sondern anspruchsvoll, sie machten uns auf eine unvernünftige Weise vernünftig; nein, goldene Berge erwarteten wir nicht, aber immer *mehr* als uns zustand oder zugestanden wurde (etwa von Rechenakrobaten, die uns ein Existenzminimum vorrechneten), und der Wahlspruch ging um: ›Oliver Twist will nicht mehr.‹ Wir entwickelten eine bis zur Hysterie gesteigerte Arroganz, Frivolitäten und Blasphemien gegen Institutionen und Personen und brauchten keinen Alkohol, Worte genügten. Nach einem

Abend voll Hitze und Hetze, permanent sich steigerndem und auch verstiegenem Gelächter über Kirche, Staat, Institutionen und Personen, sprach mein Bruder Alois in einer Art Erschöpfungspause aus, was dann zum geflügelten Wort wurde: ›Nun wollen wir wieder christlich werden‹ – und es blieb ein Ausdruck für naive, gläubige, idealistische Nazis übrig, auf den wir nicht mehr verzichteten: ›Ein fröhliches (oder munteres) Rindvieh.‹ Diese Veranstaltungen waren nicht nur nicht gemütlich, sie waren nie harmonisch, sie waren geprägt von einer permanenten dissonanten Loyalität; die drei Milieuelemente mischten sich in den einzelnen Familienmitgliedern verschieden, wechselten auch ständig ihr Mischungsverhältnis – Reibungen, Spannungen waren die Folge, und oft genug flogen nicht nur Worte, auch Fetzen, Gegenstände, gelegentlich sogar scharfe. *In* jedem und *zwischen* allen gerieten die Elemente in Konflikt – also aneinander. Da fanden in jedem und zwischen allen Klassenkämpfe statt. Und es gab auch alkoholisch bestimmte Perioden, wenn wir Geld hatten. Die Produkte der Brennerei

Hermanns an der Severinstorburg wurden dann bestimmend.
Ja, die Schule. Die Zeit, die ich für sie aufwandte, sollte ja nicht verloren sein, und das Abiturzeugnis würde ja vielleicht – mit mir! – den Krieg und die Nazis überdauern, wenn's auch nicht so aussah. Die Nazis waren zur Ewigkeit geworden, der Krieg wurde eine, der Krieg *und* die Nazis waren eine doppelte Ewigkeit – und doch: Ich wollte versuchen, über diese vier Ewigkeiten hinaus zu leben (und immerhin trug mir das Abiturzeugnis für zehn Jahre die so dehn- wie brauchbare Berufsbezeichnung ›Student‹ ein. Aber so weit sind wir noch nicht). Außer Schule, Nazis, Wirtschaftskrise gab's weitere Probleme, etwa das zeitlose Problem: Amore. Ich versuchte das – mit welchem Erfolg, weiß ich nicht – der Familie zu verheimlichen, die sich ohnehin die Haare raufte, wenn sie an meine Zukunft dachte – nein, auch noch Mädchen- oder Weibergeschichten! Es gab andere Schläge genug: Nach der Einführung der allgemeinen Wehrpflicht kam als allerletzter Schlag die Rheinlandbesetzung, die wir ohne

jede Anführungsstriche als solche empfanden. Es war wenig – aber immerhin war das Rheinland bis dahin, 1936, noch entmilitarisierte Zone geblieben, und die letzten englischen Besatzungskommandos waren erst sechs Jahre vorher feierlich abgezogen. Die Rheinlandbesetzung war für meinen Vater, der ohnehin seit Brünings Entlassung kaum noch Hoffnung gehabt hatte, der letzte Schlag, und auch er zweifelte nun nicht mehr am kommenden Krieg. Die Nazis als Preußen verkleidet, die Preußen als Nazis verkleidet im Rheinland! Uns – mir jedenfalls – wär's lieber gewesen, wenn die Franzosen – trotz Schlageter! – oder Engländer von der anderen Seite her einmarschiert wären.
Mein Vater führte uns jetzt wieder gelegentlich vor, wie er sich als Landsturmmann auf dem Weg nach Verdun in Trier mit einer simulierten Blinddarmentzündung aus dem Zug hatte tragen lassen – mit Erfolg; er mußte sich zwar operieren lassen, kam aber nie an die Front. Letzte sehr eindrucksvolle Erinnerung an die Maternusstraße: ein illegales Treffen der Sturmscharführung (einer katholischen

Jungmännervereinigung). Der tiefe, bis heute nicht ausgelöschte Eindruck, den Franz Steber auf mich machte: ernst, entschieden, ohne Illusionen – und er zahlte einen hohen Preis für diese Entschiedenheit. Kurz darauf wurde er verhaftet, in fünfjähriger Gestapohaft wurde der Augenleidende bis fast zur Erblindung geblendet.

Weniger ernst und doch ernst genug: kurz vor dem Umzug, dem nicht viel später die Versetzung in die Oberprima folgte, holte ich mir auf einem Wochenendausflug (per Rad mit einem Mädchen) ins Bergische im Schneeregen eines Karnevalsdienstages eine böse Labyrinthenentzündung, die mich weit über Ostern hinaus bettlägerig hielt; als ich wieder aufstehen durfte, war die Liebe dahin (ja, schade, aber sie war einfach dahin), und ich war nach Oberprima versetzt, mit der ernsten Warnung, daß ich mich anstrengen müsse.

Ich tat's, holte auf, holte nach, gewöhnte mich an den neuen, stillen Schulweg: Karolingerring, Sachsenring, Ulrichgasse, Vor-den-sieben-Burgen, Schnurgasse (am Pfandhaus vorbei), ein paar Meter Martinsfeld bis zur Heinrichgasse, die ich nun von der anderen, sehr stillen Seite aus betrat. Die Sorge WAS SOLL AUS DEM JUNGEN BLOSS WERDEN? wurde immer ernster, berechtigter. Auch Heinen, bevor er verschwand, hatte daran teilgenommen, Bibliothekar vorgeschlagen, aber er hatte die Bücherverbrennung vergessen, und war nicht gerade Bibliothekar ein gefährdeter Beruf? Sollte ich etwa mein Leben damit verbringen, Hanns Johst oder Hans Friedrich Blunck auszuleihen? Oder mich um die gesammelten Feuilletons von Heinz Steguweit kümmern? In der Familie taucht nach Ablehnung der Bibliothekarslaufbahn meinerseits – ich weiß nicht von wem – der Gedanke auf, daß es aber IRGENDWAS MIT BÜCHERN sein sollte. Schade, daß der Junge unter den herrschenden Bedingungen nicht für Theologie zu erwärmen war.

14

In diesem Sommer kurz nach dem Umzug, der das übliche Chaos zur Folge hatte (neue Gardinen für die großen Fenster, Zimmerverteilung, immer neue und immer vergebliche Etatsberatungen), machte ich allein per Fahrrad so etwas wie eine Bildungsfahrt über Mainz, Würzburg, durch den Spessart und Steigerwald nach Bamberg, und da ich die Mischung aus Hitlerjugend und BDM in den Jugendherbergen vermeiden wollte, besorgte mein Vater mir eine Art Passepartout für die Kolpinghäuser auf dem Weg. Als alter Kolpingbruder hatte er gute Beziehungen zur Kölner Zentrale, und so hatte ich billiges ›Bed and Breakfast‹, lernte auch Tun und Treiben der Kolpingsbrüder kennen und nahm dankbar aus den Händen süddeutscher Nonnen Kaffee und Brot, Suppe und Milch an Kantinenschaltern entgegen. Mainz – dieser breithüftige romanische Dom aus rotem Sandstein gefiel mir besser als der Kölner Dom, schon in Köln war mir die graue Romanik näher gewesen. Mein Vater war ein guter

Führer durch die Kirchen und Museen. Und Würzburg – war für mich, der aus einer fast völlig unbarocken Stadt kam, fremd und angenehm zugleich: eine andere Welt und nicht nur durch Kirchen und Paläste, auch durch Leonhard Franks Räuberbande, die wir verschlungen hatten, ›besetzt‹. In Bamberg überraschte mich die Kühle meines Namenspatrons, zu dessen Standbild ich ja eigentlich gepilgert war; er, dessen Bild wohl über fast jedes jungen Deutschen Schreibtisch oder Bett hing, kam mir kalt vor, klug und tüchtig – warm wurde mir nicht bei ihm: sein Bild nahm ich, als ich wieder zu Hause war, von der Wand und steckte es in eine Schublade. Er, dieser fromme Katholik, kam mir – anders empfand ich es nicht – ›irgendwie protestantisch‹ vor, und das, KATHOLISCH, das sollten und wollten wir doch bleiben, trotz allen Lästerns und Fluchens, und so schlug denn kurz vor dem Ende des Jahres 1936 Leon Bloys ›Blut der Armen‹ wie eine Bombe ein, weit entfernt von der Bombe Dostojewski und doch in ihrer Wirkung dieser gleich; dazu der Feuerwerker Chesterton –

ich weiß, ein seltsames Gemisch, in das die deutsche Literatur, auch die verbotene und offiziell verpönte, nicht eindrang. Die ›Buddenbrocks‹ am Rande, aber Tucholsky etwa, keine Spur; Kästner ja: der Mond als Gefreitenknopf.
Im übrigen aber war alles andere ›Berlin‹, und Berlin war nicht geliebt, wurde noch ungeliebter, seitdem die Nazis es übernommen hatten; ungerecht, ich weiß (inzwischen weiß ich einiges mehr).

15

Für die höheren Schulen gab's längst eine Neuerung: die Schulungslager. Zwei Oberstufenklassen verschiedener Schulen verbrachten drei Wochen miteinander in einer Jugendherberge, um einander, um ›Land und Leute‹ kennen zu lernen, Vorträge zu hören, zu marschieren, Sport zu treiben. Am ersten, in Zülpich, nahm ich noch voll teil, dort waren wir mit der gleichen Klasse des Aloysius-Kollegs zusammen; der liebenswürdige und gebildete Pater Hubert Becher S.J. wirkte mildernd; wir marschierten durch die notorischen Rübenäcker in diesem ›Merowingerland‹, die römischen Ruinen, Chlodwigs Geist; besichtigten eine alte Tuchfabrik in Euskirchen, wo Ballen auf Ballen Wehrmachtstuch produziert wurde. Ein weiteres Lager – ich weiß nicht, ob das letzte oder vorletzte – in Oberwesel ließ ich an mir vorübergehen, indem ich unserem Hausarzt ein massives Attest geradezu abpreßte; an einem weiteren in Ludweiler bei Völklingen an der Saar nahm ich halb teil; da war die grölende HJ-Mentalität schon so manifest, daß ich die Nerven verlor und einfach nach Hause fuhr. In Dudweiler hielt uns der Dichter Johannes Kirchweng eine Lesung; ganz wohl – so schien es mir jedenfalls – war ihm bei der Sache nicht, und mit der ›Sache‹ ist hier der ganze Nazikram und auch das ›Heim ins Reich‹ gemeint. Johannes Kirchweng, der Arbeitersohn und katholische Priester, er wirkte sympathisch, auch müde und traurig, traute wohl auch seinem frischen Ruhm nicht so ganz, ahnte wohl schon den Mißbrauch; er las aus einem autobiographischen Roman, in dem er auch die äußerst harte Arbeitswelt seines Vaters, eines Glasbläsers, schildert – alt, so sehe ich gerade, ist er nicht geworden: 51 Jahre alt, ist er 1951 gestorben; er muß also 1935 oder 1936 fünfunddreißig oder sechsunddreißig Jahre alt gewesen sein. Ich habe ihn als sehr alten Mann in Erinnerung: sympathisch und müde (und da fällt mir Heinrich Lersch ein, der ebenfalls über seinen Vater, dessen Handwerk, das eines Kesselschmiedes, den Roman ›Hammerschläge‹ schrieb). In den Kneipen von Dudweiler oder Völklingen flüsterten uns die Arbeiter zu, daß sie jetzt anstelle von fünf Pfennigen für das französische Zigarettenpapier ›Riz-La‹ fünfzehn Pfennige für das deutsche ›Gizeh‹ zahlen müßten, aber natürlich seien sie keine Franzosen, und überhaupt doch, natürlich seien sie Deutsche, und überhaupt, und doch. Völklingen, Röchling-Werke – und Streiks und so, und wir sollten uns doch das Hüttenwerk mal ansehen. Erfreulich oder gar freundlich war das nicht: dumpf und ärmlich und ein ›verknuvter‹ Katholizismus, über und auf allem, und da war, durchaus nicht nur wegen des Zigarettenpapiers,

eine gewisse Reue zu spüren, die sich nicht laut, nur flüsternd kundtat.
Und so grölte abends in der Jugendherberge die siegreiche Hitlerjugend und drohte uns – mir und meinem Freund Caspar Markard –, weil wir gegen das Horst-Wessel-Lied anstimmten: ›Wenn alle untreu werden, so bleiben wir doch treu.‹ Ich verlor die Nerven (wie später noch oft), man nennt das wohl ›übertriebene Sensibilität‹ – oder war ich nicht nur ein Außenseiter, sondern schon ein Sonderling? Ich fuhr jedenfalls einfach nach Hause, wiederum mit einem Vorgeschmack. Ja, wir stimmten an: ›Wenn alle untreu werden‹, und ich schrieb nicht nur Liebes- und Reichsgedichte und las Stefan George, den ich keinen Augenblick für einen Nazi hielt. Caspar M. war wegen politischer, als ›kommunistisch‹ bezeichneter Äußerungen und Umtriebe vom Brühler Gymnasium geschaßt und auf unserer Schule angenommen worden.

16

Nicht zu vergessen: Wir lebten auf den Krieg zu. Ich besorgte mir Barbusse und Remarque, Barbusse imponierte mir mehr als Remarque. In der Schule – ich empfand es so, oder empfinde es erst heute so – schwand die letzte Schärfe, sogar Strenge, wie sie von Lehrer zu Schüler üblich gewesen war; es gab Auseinandersetzungen, aber sie waren solche zwischen jüngeren und älteren *Erwachsenen*, sie waren ernst und verloren das ›Pennenhafte‹. Der als besonders streng geltende, vom Krieg gezeichnete, aber nie über den Krieg redende Mathematiklehrer Müllenmeister (MM genannt nach seiner Paraffe) erwies sich als der mildeste: Er machte uns im Laufe des Spätsommers und Spätherbstes kaum verhohlen mit den geometrischen und algebraischen Aufgaben bekannt, die uns im schriftlichen Abitur erwarten würden. In der Unterprima war fast ein Drittel der Klasse sitzengeblieben, fünf oder sechs, vielleicht, weil man eine schlanke und sichere Abiturklasse haben wollte: dreizehn noch, die da der Reife harr-

gewesen wäre, neben Adenauer die entscheidende Figur im deutschen Nachkriegskatholizismus? Es wäre anders gekommen. Ob besser, wage ich nicht zu behaupten. Schon damals, wenn ich aus der herrlichen, gemütlichen Vochemer Studierstube voller Bücher und Tabakrauch mit der Vorgebirgsbahn oder dem Fahrrad nach Köln zurückfuhr, wurde mir ein wenig bange vor soviel gebildeter Gelassenheit, vor diesem Hauch von Nationalismus, und dem unverkennbaren, wenn auch leichten Haut Gout der Bourgeoisie. Es war großartig bei ihm, mit ihm, und doch war es nicht das, was ich suchte.

Wir zu Hause entbürgerlichten uns immer mehr, und Grosches Studierstube, klassisch ausstaffiert mit ihren Bücher- und Zeitschriftenstößen, diese voll gesättigte Bildung, die uns in den Vorträgen, die der Katholische Akademikerverband veranstaltete, als Trost entgegenströmte – all das, es war nicht nur gutgemeint und hilfreich, es war auch gut, und doch wußte ich, oder besser: ahnte wohl nur, daß ich nicht dorthin gehörte.

Zu Hause war's durchaus nicht immer ›gemütlich‹: dieses explosive Gemisch aus kleinbürgerlichen Resten, Bohème-Elementen und proletarischem Stolz, so recht keiner ›Klasse zugehörig‹, und doch eben nicht de-, sondern hochmütig, also fast schon wieder ›klassenbewußt‹. Und natürlich, natürlich trotz allem katholisch, katholisch, katholisch. Da war kein Raum für diese ›verfluchte‹ Gelassenheit des ›sub spezie aeternitatis‹. Wir lebten ›sub spezie aetatis‹. Und ich weiß nicht mehr, ob ich mich wieder einmal mit der Synchronisation verhaue, wenn ich annehme, daß es auch in diesem Sommer war, wo wir pervitinsüchtig wurden, ohne es zu wissen, jedenfalls meine Mutter, meine ältere Schwester Mechthild und ich; die anderen Familienmitglieder sprangen nicht darauf an. Der Bruder eines Freundes, Mediziner, erzählte uns von diesem ›Zeug‹, das man allzu hartnäckigen Hospitalhockern ›in den Kaffee tat‹, um sie zu freiwilligem Aufbruch zu ermuntern; offenbar wirkte das ›Zeug‹ entsprechend, und wir besorgten es uns. Es war – heute eins der am striktesten rezeptierten Aufputschmittel – 30 Pillen zu 1,86 M ohne alle Umstände in jeder

Apotheke frei zu haben, und wir nahmen es mit Erfolg: Es wirkte enorm euphorisierend, und ein bißchen Euphorie hatten wir nötig; es wirkte trockener, ich möchte fast sagen ›spiritueller‹ als Alkohol. (Ich nahm's bis weit in den Krieg hinein, besorgte mir von einer befreundeten jungen Dame, Arzthelferin, Rezepte, als es dann rezeptpflichtig wurde. – Gott sei Dank, ging mir eines Tages der Nachschub aus, und ich kam dann davon los – ein gefährliches Zeug war das, einer unserer besten Freunde wurde sein Opfer.)
Immer wieder wurde uns der Strom gesperrt, das war eine harte Strafe für eine so intensiv lesende Familie: Kerzen waren teuer und brannten rasch ab, und meine Mutter wurde ihrer Plombenfrevel wegen so massiv gewarnt, daß sie es dann doch sein ließ. Eben in dieser Zeit wurde mir die ›Behaglichkeit‹ bei Grosche, eine legitime, liebenswürdige Behaglichkeit, sehr fremd.

17

Ich wollte keinesfalls das Abitur auf's Spiel setzen, nicht zu viel riskieren, das wäre, auch aus ökonomischen Gründen, unverantwortlich gewesen, und außerdem war ich die Schule einfach leid. Es war Zeit, Schluß damit zu machen und in die Sintflut, die vor uns lag, hineinzugehen. Mitten in die Vorbereitungen zum Abitur schlug eine kleinere Bombe ein: In diesem Jahr reduzierten die Nazis die Gymnasialzeit um ein Jahr auf acht Jahre, wir hatten aber neun hinter uns gebracht: so hatten wir das Abitur fast schon in der Tasche. Das schlimmste, was uns passieren konnte: durchfallen, hätte bedeutet, mit der nachfolgenden Unterprima zwei-drei Monate später noch einmal in die Prüfung zu gehen, wobei Durchfallen unwahrscheinlich war. Das hätte ja bedeutet, die Schule hätte jemand für oberprimareif erklärt, der auf Obersekundaniveau zurückfallen würde. So kam es nur darauf an, da das gefürchtete Schriftliche wegfiel, für das Mündliche die heiklen Fächer: Latein, Griechisch, Mathematik mit Freiwilligen zu besetzen, auf daß niemand, der schwach darin war, in die Gefahr geriet, in einem dieser Fächer geprüft zu werden. Wir sprachen das mit unseren Lehrern offen ab, und ich übernahm auf den Rat, fast die Bitte von Studienrat Bauer Latein; mehr oder weniger garantierte er mir dafür, daß unsere gegenwärtige Lateinlektüre, Juvenal, nicht geprüft werden würde. Ich weiß nicht, ob Juvenal auf dem Lehrplan stand oder ob Bauer dessen Aktualität erkannt und ihn deshalb ausgewählt hatte: bei Juvenal wurden Willkür, Despotismus, Korruption, Verderbnis der politischen Sitten, der Untergang des republikanischen Gedankens eingehend genug geschildert, auch einige ›30. Junis‹, inszeniert von den Prätorianern, Anspielungen auf Tigellinus. Ich suchte nicht, fand aber in einer Antiquariatskiste eine Juvenal-Übersetzung mit ausführlichem Kommentar aus dem Jahr 1838: Der Kommentar war fast doppelt so umfangreich wie der Text, spannende kulturhistorische Lektüre, außerdem amüsant in seinem romantischen Vokabularium. Ich konnte mir diesen umfangreichen Schinken nicht leisten, kaufte ihn aber doch, und es ist eins der wenigen Bücher, die ich über den Krieg hinweggerettet habe und nach dem Krieg *nicht* dem Schwarzmarkt opferte. (Es gab – verbotene Ausblicke auf das Jahr 1945 – da eine Schieberschicht, die alles hatte, nur keine Bücher, die sie dringend zur Dekoration ihrer Prachtwände brauchte, und wir verscherbelten alles, von dem wir wußten, daß es wiedererscheinen würde: eine signierte Ausgabe der ›Buddenbrooks‹ zum Beispiel brachte ein fröhliches Sümmchen!) – Den Juvenal behielt ich. Als Oberprimaner brauchte ich ihn nicht als Übersetzungshilfe, das wäre gegen meine Ehre gewesen, ich verschlang nur den Kommentar: Er las sich wie ein Krimi. Im Griechischen lasen wir Antigone, das bedurfte keines Kommentars, nicht einmal eines Augenzwinkerns, und, wie gesagt, die ermüdende Langsamkeit des Übersetzens im Unterricht (ach, diese vor Langeweile gebeugten Rücken derer, die unbedingt ein humanistisches Gymnasium absolvieren mußten! Warum eigentlich?) – machte mich ungeduldig und ich setzte mich zu Hause mit dem Lexikon hin und machte weiter. Kurze – vertretungsweise – Auftritte von Gerhard Nebel im Unterricht brachten ein wenig Feuer und einen erfrischenden Windstoß von Anarchie; zum ersten Mal hörte ich von den Brüdern Jünger. Es hieß – und das traf wohl zu – Nebel sei strafversetzt worden. Im übrigen gab er auch Turnen und Boxen, und an beidem nahm ich nicht teil; er erklärte ziemlich offen, daß die Neueinführung des Boxens einer geheimen, verdrängten Anglophilie der Nazis zu verdanken sei. Die Schule wurde wenige Jahre später von den Nazis regelrecht aufgelöst – und das spricht für sie.

Demonstrativ nahmen wir an den Bußwallfahrten Kölner Männer teil, die vom Heumarkt zur Kalker Kapelle und zurück führten, geduldet, von Spitzeln beobachtet.

Erwähnen muß ich hier noch als kleines Epitaph für einen Verstorbenen, eines der ersten Kölner Bombenopfer, unseren Freund Hans St., der einen Biberpelzkragen besaß. Dieser war unsere letzte, allerletzte Reserve, wenn wir kein Geld mehr auftreiben, nichts mehr versetzen konnten: der Pelzkragen brachte zwei Mark im Pfandhaus, und das waren drei Kinobilletts und zwei Schachteln Zigaretten, oder vier Kinobilletts ohne Zigaretten, vier Konzertkarten – und wir gingen viel ins Kino: dort war's dunkel, und sogar die Nazis mußten dort still sein und waren nicht zu erkennen.

18

Die Schulzeit schien friedlich zu Ende zu gehen, die Abmachungen mit den Lehrern waren getroffen. Bei der Berufswahl, die für den Eintrag ins Reifezeugnis bekannt gegeben werden mußte, stellte sich heraus, daß wir seit Menschengedenken, wenn nicht seit Bestehen der Schule, der erste Jahrgang waren, der keinen Theologen stellte. Traditionsgemäß war die Schule ein zuverlässiger Lieferant für die Bonner Konvikte, die ›Kästen‹ hießen (›Ich gehe in den Kasten‹). Daß wir keinen dorthin schickten, kann nicht an den Nazis gelegen haben, denn in der Klasse nach uns wurde wieder ›geliefert‹. Und ausgerechnet im Religionsunterricht nahm die Schulzeit kein friedliches, sie nahm ein böses Ende. Natürlich gab's unter den Hitlerjungen, den SA- und SS-Mitschülern nicht nur oberflächliche Opportunisten, auch Gläubige, gläubig als Nazis wie als Katholiken, es gab Konflikte, über die gesprochen wurde: Gehorsam, Muttertag, den der Religionslehrer auf eine theologisch einleuchtende Weise beerdigte, und da er weder dumm noch humorlos und auch nicht andeutungsweise opportunistisch war, hatte sich da etwas wie ›skeptisches Vertrauen‹ gebildet: Man wußte, woran man miteinander war, und flegelhafte Pöbeleien kamen so wenig vor wie Denunziationen. Das alles wurde in einer einzigen Stunde zerstört, als er sich verpflichtet fühlte oder – was ich eher glaube, denn er tat es unter Qualen und widerwillig – laut Lehrplan verpflichtet war, uns sexuell aufzuklären. Mag sein, daß diese Aufklärung schon seit 1880 auf dem Lehrplan der Oberprima stand; ich kann mir nicht denken, daß die Kölner Abiturienten des Jahrgangs 1880 weniger aufgeklärt waren als wir. Jedenfalls: Er tat's, er klärte uns auf, mit schamhaft gerötetem Gesicht, permanent gesenkten Augenlidern sprach er über die Tatsache, daß es zwei verschiedene Geschlechter gebe, dezent, keineswegs lächerlich, und noch waren wir geneigt, ihm zuzubilligen, daß er sich dieser längst fälligen Pflicht in schmerzlichem Pflichtbewußtsein entledigte. Dann aber kam der katastrophale Augenblick, wo er – im Zusammenhang mit den Geschlechtsorganen und ihren Funktionen – von ›Erdbeeren mit Schlagsahne‹ sprach: der Jüngste von uns war mindestens achtzehn, der älteste zweiundzwanzig, und wir waren in einer Stadt aufgewachsen, die nicht nur ihrer Heiligkeit, auch ihrer ebenso traditions- wie umfang- und variationsreichen Prostitution wegen in Ruf und Verruf stand. Hatten wir schon während der weniger peinlichen Partien seines Vortrages, den gestammelten, mit gesenkten Lidern vorgetragenen Erläuterungen, nur mühsam das Lachen unterdrückt: jetzt brach es los, zynisch, gemein, fast tödlich: selbst die abgebrühtesten unter uns – es gab solche natürlich, empfanden diesen Vergleich als beides: als Zumutung und auch als Beleidigung ihrer Erfahrungen, mochten diese auch noch so

›schmutzig‹ sein. Unsere Rache war fürchterlich: Es wurden fünf hundsgemeine Zoten auf je ein Stichwort reduziert, numeriert, Stichwort und Nummer an die Tafel geschrieben und in den wenigen, noch folgenden Religionsstunden nannte dann irgendeiner eine der fünf Ziffern, woraufhin der gesamten Klasse die ganze Zote einfiel und alles losbrüllte; ich gestehe: ich war nicht nur am Lachen beteiligt, auch an der Auswahl und Reduzierung der Zoten; bei diesem grausamen Spiel – ich muß ihn nachträglich noch bewundern – verlor er nicht den Humor, wollte an der Ursache unseres Lachens teilnehmen, ging zur Tafel, las laut – oh Hölle! – Stichwort und Ziffern, blickte uns fragend an, fragte nach der Ursache unserer Heiterkeit – und: es war grausam: hier wurde ein vollkommen Unschuldiger hingerichtet, aber vielleicht sollte man diese Art von Unschuldigen nicht verpflichten, Oberprimaner aufzuklären. Es hätte nicht sein müssen: diese ›Erdbeeren mit Schlagsahne‹ waren beleidigend für alle, die ein Mädchen hatten oder kannten; kulinarische Vergleiche auf diesem ›Sektor‹ sind ja ohnehin grauslich. Als zusätzliche Rache brachten einige Ferngläser mit, beobachteten dadurch die nicht ganz korrekt bekleideten Damen in den Hinterhäusern des Perlengrabens, die in Küchenfenstern lagen oder Wäsche auf ihre Recks hängten, dem Schulhof zugewandt, permanente Gegenstände jungmännischer Neugierde – und kommentierten deren sichtbare weiblichen Reize und Unterröcke – Büstenhalter waren damals noch nicht so gebräuchlich.

Wenn ich nachträglich feststelle, daß vom Musik- und Zeichenunterricht *fast nichts* haften geblieben ist, so möchte ich das nicht den Lehrern anlasten: Es ist traurig und schade, und ich leide heute noch unter dieser ›verlorenen Zeit‹. Vielleicht lag es daran, daß die ›gesellschaftliche Stellung‹ dieser Lehrer als Nichtakademiker unter Akademikern – dieses leidige deutsche Ressentiment – sie und uns unsicher machte. Aber es bleibt dabei: geblieben ist davon *fast nichts*.

Ab Dezember fing ich an, Bewerbungsschreiben um eine Lehrstelle im Buchhandel loszuschicken: handschriftlich mit Foto natürlich und Abschrift des Abiturzeugnisses, die meine Schwester Gertrud besorgte und beglaubigen ließ. Das alles kostete Geld und zerstörte außerdem eine Illusion: natürlich würde ich mindestens in die ›Arbeitsfront‹ automatisch einverleibt werden. Ich träumte von einer stillen, nicht allzugroßen Bude, deren Besitzer wenigstens kein Nazi sein sollte. Es war nicht so leicht, eine Lehrstelle zu finden: Da blühte kein Wirtschaftswunder – aber ich fand dann doch eine Bude, still, nicht allzugroß und nicht andeutungsweise nazistisch – (im Gegenteil: weder der Chef noch einer der Angestellten war von dieser Sorte – und ich fand einen guten Freund!). Die Abiturprüfung selbst war dann nicht viel mehr als eine Formsache; es begann acht Uhr morgens und gegen ein-zwei Uhr nachmittags war alles vorbei, für uns alle. Nach dem Alphabet kam ich als erster dran, bekam eine Cicerostelle, bekam alle mir fehlenden Vokabeln gesagt und bestand; vorschriftsgemäß wurde ich auch in Biologie geprüft (alle wurden in Biologie geprüft), leierte die Mendelschen Gesetze herunter, zeichnete die entsprechenden roten, weißen und rosa Kreise an die Tafel. Es war halb neun, als ich fertig war. Wir trafen uns mittags zu einem Glas Bier in einer verabredeten Kneipe und Schluß. Zur Abschlußfeier ging ich schon nicht mehr: Mein Bruder Alfred, der zu einem Klassentreffen dorthin ging, nahm mein Zeugnis in Empfang und brachte es mir mit. Noch heute denke ich manchmal darüber nach, ob die Hersteller von Schulkreide einen Boom in rosa Kreide vermerkt haben; in wieviel tausend Schulen wurde von wieviel hunderttausend Schülern – und nicht nur beim Abitur – das Mendelsche Rosa an die Tafel gezeichnet?

Lizenzausgabe für die Büchergilde Gutenberg,
Frankfurt am Main, Olten, Wien
mit Genehmigung des Verlages Lamuv, Bornheim-Merten
© Copyright: Lamuv Verlag GmbH, Martinstraße 7,
5303 Bornheim 3
Alle Rechte vorbehalten. Nachdruck, auch auszugsweise,
nur mit schriftlicher Genehmigung des Verlages.
Einbandgestaltung Hannes Jähn, Köln
Schrift Cicero Times Antiqua (Monophoto)
Papier OP Daunendruck, 90 g/qm, der
Papierfabrik Scheufelen Oberlenningen
Satz Tutte Druckerei GmbH, Salzweg-Passau
Druck W. Kohlhammer Druckerei GmbH + Co., Stuttgart
Bindung Großbuchbinderei Monheim GmbH, Monheim
Printed in Germany 1982 ISBN 3 7632 2678 8